ルポ

座間9人殺害事件

被害者はなぜ引き寄せられたのか

渋井哲也

光文社新書

はじめに

変わらない白石の表情

２０２０年12月15日、神奈川県座間市のアパートで男女９人の頭部遺体が発見された事件の判決が下った。被告人は白石隆浩（逮捕時は27歳）。東京地方裁判所立川支部には、報道陣のほか、一般傍聴希望者４３５人が並んでいた。倍率は約27倍だった。

白石は裁判中、黄緑色の作業着風の姿で被告人席に座っていた。新型コロナウイルス感染症拡大対策のために、ずっと白いマスクもしていた。また、私が傍聴した刑事事件では、弁護人の前に被告人が座ることがほとんどだったが、白石の席は弁護人席の後ろだった。周りは、警戒する４人の警備員に囲まれていた。

判決を言い渡したのは矢野直邦裁判長だった。主文は後回しに。ただちに報道陣の一部が、傍聴席を立ち、法廷を飛び出した。「主文後回し」の場合、死刑の可能性が高まる。飛び出した記者は、速報をテレビのテロップやネットのニュースサイトに流すために、デスクに伝えたのだろう。緊張感が高まる中、矢野裁判長は「被害者らが、SNS（ソーシャル・ネットワーク・サービス）上に自殺願望を表明するなどしていた未成年者を含む若年者であったこともあり、SNSの利用が当たり前となっている社会に大きな衝撃や不安感を与えたといえ、社会的な影響も非常に大きい」として、「死刑」を言い渡した。

私はその瞬間に白石の表情を見た。特に、これまでの公判中のときと変わりないようだった。判決から3日後の12月18日には、弁護団が判決不服として控訴するが、こちらを白石は同月21日に取り下げた。結果、21年1月5日に白石の死刑は確定した。

確定前に、もう一度白石に面会しようと思い、私は何度か拘置所に通った。しかし、白石は私を拒絶したのか、タイミングが合わなかったのか、真意は分からないが、最後の面会が叶うことはなかった。

第一報で浮かんだのは「ネット心中」

「アパートから遺体が発見されたが、（犯人と）インターネットで知り合った人のようだ。遺体は９人分見つかっている」

事件発覚の翌日、２０１７年10月31日の朝。知人の記者からそんな電話を受けた。

この情報を聞いたとき、私の頭には「ネット心中」が浮かんだ。それは、自殺願望のある人同士がインターネットの自殺系サイトで知り合い、集団自殺をするもの。03年から05年頃には連鎖的に発生し、当時は多くの報道がなされていた。「ネット心中なら、最多の人数だ」と答えたのを記憶している。それまで、ネット心中の「参加者」は７人が最も多かった。04年10月、埼玉県内で起きた事件だ。

インターネット上に自殺願望を吐露したり、自殺に関する情報があるのは珍しいことではなく、そのときに始まったわけでもない。例えば、１９９８年12月に発覚した「ドクター・キリコ事件」では、自殺願望のある「美智子交合」というハンドルネームの女性が、自殺系サイト「安楽死狂会」を開設。別の自殺系サイトで知り合った、ハンドルネーム「草壁竜次」という男性に「ドクター・キリコの診察室」という掲示板の管理人を任せていた。

草壁は、掲示板などで知り合った重度のうつ病の人に、「エマージェンシー・カプセル

（ＥＣ）」と名付けて青酸カリを販売。７人が購入し、うち最後の購入者であった女性がＥＣを飲んで自殺してしまった。年間自殺者数３万人を初めて突破する年に起きた事件である。

「ネット心中」という言葉がメディアで使われ始めたのは、２０００年11月。きっかけは福井県内で心中した男女が発見された事件だった。男性は福井県内の歯科医師（当時46歳）で女性は愛知県内の元ＯＬ（当時25歳）。死因は睡眠薬の過剰摂取による薬物中毒死で、２人の接点は自殺系サイトだった。実行に移したのはメール交換をしてから３週間後。恋愛関係もなく性的関係もない。死ぬために出会った２人だった。

その後、「ネット心中」はしばらくなかったが、02年10月に東京・練馬区のマンションの一室で、ネット心中とされる男女２人の遺体が発見された。見つかったのは、マンションに住んでいた無職の男性（当時30歳）と、大阪市の会社員女性（当時32歳）。男性のパソコンには「いつ来ますか?・」「七輪で確実に死ねます」「知り合ってすごく短い１ヶ月でしたね」といった、女性とのメールが残されていた。女性の遺書には「インターネットの自殺掲示板で知り合った○○さんと死にます」とも記していた。

それから、「ネット心中」を模倣するかのような自殺は多発していく。03年２月に発覚した、埼玉県入間市での男女３人による練炭自殺は、明らかに練馬の「ネット心中」を意識していた。というのも、志願者同士のやりとりで練馬の自殺に関するネット記事のＵＲＬを送った形跡があったからだ。

この入間市の「ネット心中」はそれまでに起きた同様の自殺以上に、大きく報道されていき、「ネット心中」が社会的に認知されていった。

「ネット心中」の悪用か

こうした流れの中に、座間事件もあったように思われる。

前述の通り、インターネットで「死にたい」などと発することは珍しくなく、「死にたい」と思っていた人同士が集まることはある。しかし、こうした出会いが「心中」に必ず繋がるわけではない。お互いの気持ちに共感して、支え合うようになることだってある。悲しい末路になるだけではないのだ。

一方で、こうしたネット・コミュニケーションを悪用する人物が現れることも否めない。「死にたい」気持ちをネットに発信する人は、話を聞いてもらいたい心情に駆られている。だからこそ、実際に会うことは難しくなく、一部のネットナンパ師はその心情につけ込む。さらには、相手の「死にたい」という気持ちを、自らの手で叶えようとする殺人犯が、接触を試みることすらある。

最初にそんな存在が明るみになったのは、２００５年だ。２月から6月の間に、自殺系サイトで犯人と知り合った男女３人が殺害された。１人目の被害者は当時25歳の女性。「一緒に練炭自殺しよう」と持ちかけられて会いに行くと、結束バンドで手足を拘束され、手とガムテープで口や鼻を塞がれて失神させられた。犯人はそれを何度か繰り返して女性を殺害、遺棄。２、３人目の被害者である当時14歳の少年と男子大学生（当時21歳）も、同じように覚醒と失神を繰り返しさせられた後に殺害、遺棄された。犯人には悶絶する表情を見たいという願望があった。

座間事件は、この大阪・自殺系サイト殺人事件と類似している部分があるのではないか。ただ、座間事件の発覚後すぐに、白石と被害者との接点は「自殺系サイト」ではなく、Twitter の可能性もあることが分かってきた。

動機や心情はなんだったのか

２カ月で９人も殺害した白石に、私は事件を起こした意図を聞きたいと思った。２０１８年９月26日、立川拘置所に白石は身柄を移送された。そのとき、面会をしたい旨の手紙を出した。そこでいくつかの質問をした。しかし、返信はなかった。立川拘置所に移送された当時から報道されていたが、話を聞くにはお金が必要だということが伝えられていた。

16年7月、相模原市の知的障害者施設「津久井やまゆり園」で、元施設職員の犯人が、施設の入所者19人を刺殺した。また入所者と職員計26人に重軽傷を負わせた。犯人の場合は、記者の手紙に返事をしたり、面会に応じていたこともあり、犯罪の背景が比較的多く報道されていた印象がある。

一方、白石に関する報道は少なく、それもあってか座間事件の関連報道も多くはなかった。そうした経緯もあり、拘置所にいつか突然会いに行くしかないと思った。

ルポ　座間9人殺害事件

被害者はなぜ引き寄せられたのか

目次

【座間9人殺害事件の全体像】

2017年5月29日	白石に職業安定法違反で有罪判決（懲役1年2カ月、執行猶予3年）。
8月上旬	Aさん（当時21歳）が希死念慮をTwitterに吐露。
8月12日	Aさんが白石にCさん（当時20歳）との自殺を手伝ってほしいと連絡。
8月15日	AさんとCさんと白石が座間市内の公園で会う。そこで、Aさんは「死ぬのをやめる」と白石に伝える。
8月22日	白石が事件現場となるアパートに入居。
8月23日	白石がAさんを殺害。
8月26日	Bさん（当時15歳）が希死念慮をTwitterに吐露。
8月28日	白石と会う直前にBさんは「生きていこうと思います」という内容の

メッセージを送信。しかし、白石は自宅に誘い出しBさんを殺害。
Cさんから自殺を手伝ってほしいとの連絡が白石に届く。

8月29日　白石と会うと、Cさんは心変わりして「生きていく」と伝える。
8月30日　白石はCさんを自宅に誘い出して殺害。
9月13日　Dさん（当時19歳）が希死念慮をTwitterに吐露。
9月14日　殺害を逃れたYさんが白石と会う。アパートで共同生活を開始。
9月16日　白石がDさんを殺害。
9月18日　Fさん（当時17歳）が希死念慮をTwitterに吐露。
9月20日　Iさん（当時23歳）が希死念慮をTwitterに吐露。
9月22日　白石がTwitterを通してIさんに連絡。
9月23日　Eさん（当時26歳）が希死念慮をTwitterに吐露。

Yさんがアパートを出る。

9月25日　白石がEさんを殺害。

9月28日　白石がFさんを殺害。

9月30日　白石が、それまでにDMのやりとりがあったGさん（当時17歳）を自宅に誘い出して殺害。

10月16日　Hさん（当時25歳）が希死念慮をTwitterに吐露。

10月18日　白石がHさんを殺害。

10月23日　Iさんが白石に自殺を手伝ってほしい旨を連絡。2人で会うと、白石はIさんを殺害。

10月30日　事件発覚、白石が死体遺棄容疑で逮捕。

2018年9月26日　白石の身柄が高尾警察署から立川拘置所に移送。

2020年9月30日　東京地裁立川支部で座間9人殺害事件に関する裁判が開廷。

12月15日	白石に死刑判決。
12月18日	弁護団が判決不服として控訴。
12月21日	白石が控訴取り下げ。
2021年1月5日	白石の死刑が確定。

第一章　事件発覚

―錯綜する初期報道―

1-1　初期報道

2人分の遺体を発見

２０１７年10月30日、神奈川県座間市のアパート内で切断された遺体が見つかった。逮捕されたのは白石隆浩。当初、被害者と白石はインターネットの自殺系サイトで知り合ったと報道された。翌日の『朝日新聞デジタル』は次のように伝えている。

> 東京都八王子市の女性（23）が今月下旬から行方不明になり、警視庁が行方を捜していたところ、神奈川県座間市緑ケ丘6丁目のアパートの一室で30日午後、クーラーボックスの中から切断された2人分の頭部が見つかった。警視庁は、この部屋に住む職業不詳の20代男の身柄を確保しており、死体遺棄容疑で逮捕する方針。（中略）
>
> 女性の兄から今月24日に行方不明者届が出され、同庁が捜索を開始。23日にJR八王子駅とアパートの最寄り駅の防犯カメラに女性と男が一緒にいる姿が映っていた。女性がこの男と自殺サイトを通じてやりとりをしていたことも判明した。女性はツイッター

で「一緒に死んでくれる人を探している」などと書き込んでいたという。
（２０１７年10月31日『朝日新聞デジタル』）

筆者は１９９８年から、家出や援助交際をしていたり、自殺未遂や自傷行為をしたり、薬物や性に依存していたりと、「生きづらさ」を抱いて生きる若者たちの取材をしてきた。２００３年頃には連鎖的に発生した「ネット心中」の取材を行い、その後も「生きづらさ」をブログやSNSに綴ったり、チャットや電子掲示板で同じ心情を持った人同士で交流する人たちに話を聞いてきた。

取材で出会った人たちの中には未遂を繰り返したり、一人で自殺をしたり、「ネット心中」による集団自殺で亡くなったり、あるいは自殺を止める側になったりと、さまざまな人がいた。そういった経験の積み重ねもあったからだろう。座間事件でもインターネットを介して自殺相手として見知らぬ人を募集する被害者の心情が理解できないわけではなかった。

それでも、いったいなぜここまで凄惨《せいさん》な事件は起きたのか。

記者やテレビディレクターからの各種取材対応に迫られて、私自身が取材できないながらも、報道は常に追うようにしていた。

遺体は9人分に

最初の報道は、アパート内で2人分の頭部が発見されたという内容だった。しかし、10月31日の記事になると、「アパート、9人の遺体　27歳男、1人遺棄容疑で逮捕　『殺害・解体』供述　神奈川・座間」（『朝日新聞デジタル』）という見出しで、「9人分」の遺体の一部が発見された展開になっていく。

捜査1課によると、白石容疑者は容疑を認め「自宅で死体を解体してクーラーボックスに入れた。私が殺害した遺体を、証拠隠滅の目的でやったことは間違いない」などと述べているという。他の8人の死亡の経緯についても事情を知っているとみて調べる。

（2017年10月31日『朝日新聞デジタル』）

1人の被疑者が9人を殺害したとなれば、インターネットが関連した事件の中で被害者数は最も多くなる。これまで、ネットと自殺が関連した事件で死亡者数が最多なのは、「男女七人ネット心中」（2004年10月）だった。

　また、そのほかの大量殺人事件と比べても9人はかなり多い。

　例に00年以降の大量殺人事件の被害者数を挙げると、宇都宮宝石店放火殺人事件（00年6月）は6人、大阪教育大学附属池田小学校事件（01年6月）は8人、加古川殺害事件（04年8月）は7人、秋葉原通り魔殺傷事件（08年6月）は7人、大阪個室ビデオ店放火事件（08年10月）は16人、熊谷連続殺人事件（15年9月）は6人、相模原障害者施設「津久井やまゆり園」殺傷事件（16年7月）は19人、日立市妻子殺害事件（17年10月）は6人だった。

　大量殺人かつ遺体を切断するという犯行内容。その意味で本件は残酷な事件であり、かつ容疑者に猟奇的な側面があったのではないかと想像させるものだった。

ネット心中なのか？

　私が初期報道に接したとき、この事件は「ネット心中」の延長線上に起きたという印象もあった。白石のほか9人が集まり、同時に自殺を決行、白石だけが生き残ったのではないかと考えたのだ。というのも、初期段階で身元の目星がついていた女性と白石とのやりとりは「自殺サイトを通じて」であり、「女性はツイッターで『一緒に死んでくれる人を探している』などと書き込んでいた」との報道があった。実際にこの女性は事件が発覚する1カ月ほど前に次のようなツイートをしている。

＃自殺募集
死にたいけど一人だと怖い。
だれか一緒に死んでくれる方いましたらｄｍください。
こちら23の東京です。車ある方だと嬉しいです。

自殺に絡んだコミュニケーションでは、互いが心情を理解・共感し、似た者同士として自助グループのような関係を作ることもある。一方で、「ネット心中」では、相手の心情には触れず、互いを自殺の道具のように見立てて、自殺の約束をするだけの場合もある。

第一報を聞いただけでは、この事件でどんなコミュニケーションが行われたのか分からなかった。しかし、自殺を前提に書き込みに反応したのであれば、白石はＳＮＳで自殺に関連するつぶやきをする人の心情を理解していたのではないかとも思えた。

想定外のところから

前述の通り、被害者の女性が自殺を意識したツイートを投稿していたこともあり、私が事件を知って最初に執筆したのは、被害者の胸中に焦点を当てた、「なぜ、自殺志願者たちがＳＮＳに書き込むのか」という記事だった。その一部をここでも紹介したい。

なぜ、自殺志願者たちがＳＮＳに書き込みをするのだろうか。それは現実の人間関係よりも、返信をもらえる他のユーザーを信頼しているからだろう。友人や知人、家族が「死にたい」とか、「自殺をしたい」と言ったとき、その話題を避けずに、話を聞こうとする人がどれだけいるのだろうか。少なくともＳＮＳでは話を聞いてくれる人は見つけやすい。中には相談をしあったりする関係性が成立する。取材した中では恋人になったり、結婚する人も現れている。居場所として機能している面がある。

もちろん、自殺の悩みを相談できる機関や団体の中には、インターネットを窓口とした相談の場を提供しているところもある。しかし、多くの場合、きちんと内容を検討してから返事をするまでに時間を費やしている。それ自体は間違っていないだろうが、相談者からみれば、今すぐつながりたいという欲求は満たせない。すぐに返信があるＳＮ

Sは、つながることで、孤独感や焦燥感を癒やせる効果がある。だからこそ、このような事件が起こるたびに、SNSに対して何らかの制約をする議論が持ち上がるが、単純に規制をかけることは意味がない。彼らの居場所を奪うことになって、かえって逆効果になることがあるからだ。

（2017年11月3日配信『iRONNA』）

このときに書いた内容は、SNS相談がこの時期に少なかったという違いはあるものの、今の私の考えと基本的には変わらない。

それまでも、「自殺系サイト」のユーザーである自殺志願者にナンパ目的でコンタクトを取る人がいるのは知っていた。出会いやすく、話を聞くだけで落としやすいという理由で、自殺願望のある人をターゲットにするネットナンパ師の心理は最悪、理解できなくもない。しかし、この事件は、私の「ネット心中」という予想とは裏腹に、当初から連続殺人である可能性も考えられていた。まさか、ナンパ師が殺害行為にまで及ぶとは考えてもみなかった。

飛び交う怪しい情報

発覚から時間が経つにつれ、異臭がしたとか、部屋の玄関前にクーラーボックスが置かれていたなどの新たな証言が入ってきた。２０１７年10月31日には『朝日新聞デジタル』に「異臭、2カ月前から　玄関前にクーラーボックス　アパート住人、不安訴え　座間9遺体」という見出しの記事が掲載されている。

アパートは木造2階建てで、全12室ある。住人の40代男性によると、逮捕された白石隆浩容疑者（27）が引っ越してきたのは2カ月ほど前で、その頃から白石容疑者が住む2階の一室の周辺で異臭がしていたという。「かいだことがないような鼻をつく強い臭い。換気扇が廊下側にあるので、部屋の前を通るたびに臭いがきつくなっていったと感じた」と話す。

白石容疑者の部屋の玄関前にはクーラーボックスが置いてあることもあったが、中身はわからなかったという。

（２０１７年10月31日『朝日新聞デジタル』）

朝日新聞の記事にはないが、このクーラーボックスを複数の男が運んでいる姿が目撃されたとの未確認情報も流された。例えば、『週刊ポスト』には、「座間9遺体事件　総力取材スクープ詳報　白石容疑者が〈悪徳スカウト〉時代に覚えた未成年女性たちを餌食にする戦慄手口」という見出しの記事の中でこう書かれている。

白石容疑者と一緒にクーラーボックスを運ぶ男性2人の目撃証言もあった。「警察サイドは信憑性の薄い証言とみている」（社会部記者）というが、ある捜査関係者はこう口にした。

「白石1人でやるには短い期間の割に人数が多すぎる。協力者がいる線も調べている。本人の通話履歴を見れば、遺体を解体した日に連絡を取った人物はわかる。何人か詳しく話を聞くべき関係者がいます」

（『週刊ポスト』2017年11月17日号）

私が出演した番組でも、この情報は流された。複数犯の可能性を司会者から聞かれたが、まだ不確かな情報であり、確かな発言はできなかった。

さらに、不確かな情報というと、「臓器売買をしているのでは?」という噂もSNS上で流れたりした。これは単独犯説を否定し、複数犯の可能性を示唆するものだ。しかし、警察の捜査によって複数の男が運んでいたのは「衣装ケース」であることが分かった（2018年4月30日『朝日新聞』）。

供述を始める白石

さまざまな噂がネット上を飛び交う中で、白石自身も供述を始める。11月1日の『朝日新聞デジタル』では「9人遺体『全員殺害』　座間、1人遺棄容疑者供述　『8月転居後に』」という見出しの記事で、白石の供述が掲載されていた。

同課によると、白石容疑者は、9人のうちの1人の遺体を8月22日〜10月30日、自宅アパートで損壊し、猫のトイレ用の砂のようなものをかけてクーラーボックス内に隠した疑いがある。容疑を認め「自宅で死体を解体してクーラーボックスに入れた。殺害した遺体を、証拠隠滅の目的でやったことは間違いない」などと供述。6畳間にクーラーボックスや大型の収納箱を積み上げ、自身はロフトで寝起きしていたという。

（２０１７年11月１日『朝日新聞デジタル』）

この記事によれば、「捜査関係者」の話として、現場となったアパートには８月22日に入居したこと、これ以降に９人を殺害したこと、全員とTwitterのやりとりを通じて知り合ったこと、そして、同意がないままに殺したこと、気絶させるため首を絞めたこと、多くて50万円ほどを振り込ませたことなども書かれている。

事件発覚から徐々に明らかになる犯行の詳細。これまでの証言や供述が事実であれば、白石は異臭が充満する部屋の中で寝食していたことになる。さらに疑問なのは、もし殺害された人たちが白石の部屋に行ったのなら、その異臭に気がつかなかったのか？　ということだ。異臭に気がついても、気にしなかったのだろうか。ほかにも同日には「９人分の頭部のほか、約２４０本の骨などが発見された」とも報道されたが、９人分の骨としてはかなり少なく（人には約２００個の骨がある）、残りの骨はどうなったのだろうかと疑問に残った。

被害者全員の身元が判明

こうして事件の詳細とともに新たな疑問も浮かぶ中、９人の身元が判明。現場にあったカード類から被害者を絞り、ＤＮＡ鑑定によって特定したようで（２０１７年11月10日『朝日新聞デジタル』）、次の９人の方が被害者として発表された。

▽神奈川県厚木市の女性・Ａさん（当時21歳）
▽群馬県邑楽郡《おうらぐん》の高校１年の女性・Ｂさん（当時15歳）
▽神奈川県横須賀市の男性・Ｃさん（当時20歳）
▽埼玉県所沢市の大学２年の女性・Ｄさん（当時19歳）
▽埼玉県春日部市の女性・Ｅさん（当時26歳）
▽福島県福島市の高校３年の女性・Ｆさん（当時17歳）
▽埼玉県さいたま市の高校２年の女性・Ｇさん（当時17歳）
▽神奈川県横浜市の女性・Ｈさん（当時25歳）
▽東京都八王子市の女性・Ｉさん（当時23歳）

９人とも白石と知り合ったのはTwitterである。白石は複数のアカウントを駆使していた。代名詞とも言えるアカウントは《首吊り士》だろう。しかし、多くの被害者とやりとりをしたのは《死にたい》だった。また、後述するが、私が白石と面会した際には、《＿》（アンダーバー、裁判では検察側が《-》でふりだしと言う場合もあり）や《ｓｌｅｅｐ》、《さみしい》という名のアカウントがあることも話した。

この中で、最も白石が「釣れた」と言っていたアカウントは《死にたい》だったという。私が入手した、それぞれのアカウントのフォローリストを見ても、《死にたい》のフォロワーは最も多かった。《首吊り士》はメディア的にはキャッチーだったが、アカウントを作ったのが後だったことも踏まえると、《首吊り士》としての存在期間は長くないようだった。

1-2　報道から見える白石

殺害の動機は？

白石はなぜ9人もの人を殺害するに至ったのだろうか。

それまでに、白石は売春であると知りながら女性を風俗店に紹介したとして、職業安定法違反容疑などで茨城県警に逮捕されており、有罪判決を受けて執行猶予中だった。前科つきでは「まともな仕事に就けない」と思っていたようで、だからこそ「ラクして、稼ごう」と、女性のヒモになろうとしていた。

それまでの報道にもある通り、11月8日の『朝日新聞デジタル』にも、警察関係者の話として、白石がAさんに50万円を振り込ませていたと書かれている。どうやら2人はアパートに一緒に住む話をしており、同記事の不動産関係者の話では「現場アパートの家賃は月約2万円で、借りるには家賃7カ月分以上の貯蓄を証明する必要があった」というのだ。

しかし、50万円を振り込ませ、ヒモにしてもらうはずだったAさんには、「ほかに男がいるかもしれない」と白石は思い込んだ。のちの私との面会では、「ほかに男がいることが分かった。その男のところへAさんが行ってしまうかもしれない。そうなれば、部屋を出ていけ、と言われるかもしれない」と思ったという。だから、自らの部屋を確保するために、Aさんの「ほかの男」の可能性のあるCさんを殺害したとのことだった。

しかし、そんな短絡的な犯行だったのだろうか。白石はその後の約2カ月でAさんも含めて9人殺害しているのだ。犯行の理由はほかにもあるのではないか――。当時の私はそう推測した。

例えば、同じ神奈川県内の相模原市緑区の知的障害者施設「津久井やまゆり園」入所者ら45人が殺傷された事件では、死刑囚となった犯人に、重度障害者に対する差別意識があった。

犯人は小学生のときには「障害者はいらない」とする作文を書いていた。また、事件から約1年後には、月刊『創』編集部に次のような内容の手紙（2017年7月21日消印）を送っている。

私は意思疎通が取れない人間を安楽死させるべきだと考えております。私の考える「意思疎通がとれる」とは、正確に自己紹介（名前・年齢・住所）を示すことです。（中略）まさに仰る通りですが、世界には〝理性と良心〟とを授けられていない人間がいます。人の心を失っている人間を私は心失者と呼びます。

（『創』2018年7月号）

犯人は、障害者全般が差別対象ではなく、障害者の中に、意思疎通がとれない「心失者」がいるとして、その「心失者」を安楽死させるべきだ、と主張している。その前提となる人間の定義については（1）自己認識ができる（2）複合感情が理解できる（3）他人と共有することができる、と位置付けていた。

ここまで極端なものが見えないとしても、白石にも犯行の背景となる、なにかしらの思想があるのではないかと当時の私は思っていた。そうでなければ、偶発的な事件として処理されることになる可能性があるからだ。しかし、のちの公判で私のこうした予想は大きく外れていたことが明らかになる。

9人を誘いだしたTwitter術

白石は、Twitterで「死にたい」などとつぶやいていた女性をターゲットにしていた。そして、多くの場合、初めて会ったその日に殺害。9人とも本名や年齢を把握していなかった（2017年11月1日『朝日新聞デジタル』）。

9人もの人物を次々と呼び寄せることができたということは、Twitterを使いこなしていたということだろう。以下の記事を読んでも、自殺に関するコミュニケーションをきちんとしているように見える。

「本当に困っている方は、ご相談ください」「もし、どうにもならなかったら言ってください」――。

白石容疑者が「首吊（つ）り士」というアカウント名で書き込んでいた内容だ。

「苦しむ時間で比べるなら首吊りのほうが短い」「自殺する前に友人、家族、ＳＮＳにこれから死にますや今までありがとうなど連絡を入れるのはＮＧ」

自殺を望む人に向けて、白石容疑者は具体的な方法や助言を投稿。

（２０１７年11月2日『朝日新聞デジタル』）

私は当初、白石がどこかで自殺に関するコミュニケーションを学んだり、接したことがあるのではないかと感じていた。記事に書かれた内容はまさに、背景にそうした経験があることを感じさせる。あるいは、白石にも自殺願望があったのでないかとさえ思えた。

しかし、同時に自殺系サイトで「死にたい」と書き込むような人をターゲットにしたネットナンパ師を取材した経験は別の可能性があることも訴えてきた。記事にある、「本当に困っている方は、ご相談ください」「もし、どうにもならなかったら言ってください」は、キャバクラや風俗店の仕事斡旋《あっせん》のツイートとしても成り立つようには見えないだろうか。

ナンパであれば、相手の願望に合わせればいい。「死にたい」とつぶやく相手には、その願望を叶えるようなやりとりをする。その結果だったのではないか、とも思えた。実際に事件の数年前まで、白石はキャバクラや風俗店で働く女性のスカウトをしている。そのスカウトは路上で声を掛けるものではない。Twitterで呼び掛けたり、声を掛けたりするものだった。

二分する白石の評価

交友関係がそこまで広くなかったか、もしくは継続性がなかったのか。スカウト時代の白石を知る者の声はあまり聞こえてこなかった。そうした数少ない証言の中で、『週刊新潮』のインタビューに答えた女性は次のように話している。

「タカちゃんくらい優しいスカウトはいなかった」

というのは、昨年8月、白石に出会い系アプリ上でスカウトされた風俗嬢（23）。

「私は初めての風俗だったので、ソフトなサービスの店を紹介してくれましたし、1日の最低保証金も普通より全然高い額のところを見つけてくれた。だからその後もタカちゃんにお願いしていましたよ」

（『週刊新潮』２０１７年11月16日号）

白石に優しさを感じていた風俗嬢がいた。この女性が落ち込んで、「死ぬ」とＬＩＮＥでメッセージを送ると、白石は「死んじゃだめです」と送っていた。この返信によって、女性は励まされていると感じていたようだ。

一般に、スカウトは、女性のメンタルケアをする側面がないとやっていけない。そのためには話を聞いたり、食事に付き合ったりする。コミュニケーションを密にすることで信用を得て、言葉の説得力を持たせていく。白石も一定程度はそうだったのだろう。

一方で、トラブルを生んでいたこともあるようだった。写真週刊誌『ＦＬＡＳＨ』には「白石容疑者を知るスカウトマン」の話として次のようなことが書かれている。

「スカウトマンとしての腕は評価されていた。ただ、気が小さいのか、一ヶ所にじっとしていられず場所をすぐ変える。それでも、ＳＮＳで女のコを募集していたし、成績はよかった。マメに優しく返信していたのだろう。彼の悪いところは風俗嬢に支払うべき金を中抜きしたり、会社を通さないで個人で店に女のコを紹介したりしていたこと。（中略）会社や女のコたちの関係者に追い込みをかけられると平謝りになり、返済を繰り返していた」

（『ＦＬＡＳＨ』２０１７年11月21日号）

Twitterには、白石に対する注意喚起がつぶやかれたこともある。プロフィール欄に「悪質スカウトをさらします」と書かれたアカウントがあるが、そのアカウントからは次のようなつぶやきがあった。

極悪スカウト／番号晒します！／
歌舞伎ミスド前付近／白石たかひろ／色々な人を裏切ってます
#悪徳白石／#拡散希望／#詐欺裏引き／
#社長に隠れてスカウト事務所設立／#騙しまくり
社長のことを、ドバイと影でよんでます／
裏切りまくりの危険スカウト！／
格差（拡散）、シェア希望！／住宅は池袋です

午前10:06・2017年5月10日

拡散希望！
歌舞伎のピカデリー付近にいる白石というスカウトに注意してください‼

午後3:59・2017年1月27日

その悪質さゆえなのか、白石は逮捕経験もあった。『朝日新聞デジタル』（２０１７年11月2日）によると、２０１７年1月から2月にかけて、売春させると知りながら女性を風俗店に紹介したなどとして職業安定法違反容疑等で茨城県警に逮捕。懲役1年2カ月、執行猶予3年の有罪判決を言い渡されている。

二分するスカウトマンとしての白石の評価。しかし、白石を覚えているスカウトやキャッチはやはり多くはない。事件後のこうした報道を受けて、私もツイートにある新宿歌舞伎町の区役所通りにあるミスタードーナツ付近のスカウトやキャッチに声をかけたが、白石を見たことがあるのは1人だけで、「会話をした内容も覚えていない」とのことだった。

見えない白石の背景

白石は保釈後、父親と実家で住んでいたようだった。父親の仕事は自動車部品の設計で、白石が手伝いをしていたとの話もある（２０１７年11月１日『朝日新聞デジタル』）。しかし、その父親との折り合いはよいほうではなかった。実家に戻った後、父親に「なんのために生きているのか分からない」と話したこともあったようだ（２０１７年11月19日『朝日新聞デジタル』）。

一方で、虐待のようなことは確認されていない。むしろ周囲からの父親の印象はよかったようで、『女性自身』には「白石家と親交のある主婦」の話として次のようなコメントがあった。

「定職につかない息子の面倒を見ながら、お父さんはボランティアもされていました。東日本大震災の直後に、福島県の原発被害が激しかった地区にオートバイで駆けつけ、家屋の清掃をしていたそうです。（後略）」

（『女性自身』２０１７年11月21日号）

また、『週刊新潮』にも、白石の両親に関する町内会のメンバーのコメントとして、

「お母さんは主婦で、ＰＴＡの役員もしていました。一方のお父さんは、とても親切でね。ご近所さんが病気になるとお見舞いをしたり、雨に濡れている人を見れば傘に入れてくれる。〝気にしないでいいから～〟と言って、最後はハンカチで肩を拭いてくれるような人なんです」

（『週刊新潮』２０１７年11月16日号）

という言葉が掲載されていた。記事には「後の凶行とはかけ離れた〝育ち〟に見える」ともある。どうやら、白石との関係性は別にして、父親は周囲から「よい人」と受け入れられていたようだ。一方で、母親については情報が少ない。どうやら、白石が一人暮らしをした後に、白石の妹と一緒に家を出ていってしまったようだった。

約2カ月の間に9人を殺害する強烈な動機や背景は一体どこから生まれたのだろうか。白石の学生時代にもそのヒントがないか探した。小中高ともに公立学校に通っていた白石を知る人たちからは次のような話が新聞や雑誌に書かれている。

小中学校が同じだったという男性（27）は「特定の誰かと仲良くなるのではなく、広く浅く仲良くするタイプだった」と話す。（中略）ただ「高校になってから連絡をとっていない。成人式くらいでしか見たことない」と語った。小学生時代の同級生の保護者のなかには「子どもに聞いても、どんな人だったか、誰と仲がよかったのかも覚えていない」と話す人もいた。

（２０１７年11月2日『朝日新聞デジタル』）

「小学生の頃、彼の家でマリオカートやツイスターで遊んだことがあります。普段は感情の起伏をあまり見せないのですが、ゲームで自分が負けると半狂乱になっていた。（中略）イジメというほどではありませんが、体格の良い同級生によくヘッドロックをかけられていましたね」

（『週刊文春』２０１７年11月16日号）

いじられキャラで、何かに打ち込むタイプではなく、人間関係は広く浅い。報道された情報からは、白石の学生時代に犯行の背景となりうるような、強烈なトラウマや体験はないようだった。

そんな中で、白石の攻撃的な一面が垣間見えたのは、同棲していたこともある元交際相手の女性の話である。

「今まで彼には二度ほど恐怖を覚えました。一度目は、彼のスカウト会社の評判について同業他社に聞いたことが原因です。怒った時は怒鳴り散らすのではなく、無言で圧をかけてくる感じ。二度目は、彼の部屋にあった他の女の子の所持品を処分しようとした時です。『掃除するなら全部ちゃんとやって』って叱られ、あまりに怖くて泣いてしまいました。（後略）」

（『週刊文春』2017年11月23日号）

真相を求めて白石の元へ

事件発生から約2週間は、私は現場取材ではなく、メディアのコメント対応に専念した。事件のせいで、インターネット上で「死にたい」「消えたい」などとつぶやくことが禁止されかねないムードが醸成されることを防ぐためもある。インターネットの事件が起きるたび、自殺関連の書き込みや情報を規制する動きや雰囲気がこれまでにもあった。しかし、「死にたい」と書き込んだりすることがはけ口となり、踏みとどまっている人たちもいる。

一方で、事件に関する情報は、直接取材をしていない時期だったため、分からないことが多かった。次々と情報が発信されるが、白石の犯行動機や詳細な犯行手口など、気になる部分が見えてこない。

それに、初期報道は複数犯や臓器売買の可能性など、情報が交錯していた。捜査段階で不確かな情報であっても、メディアは報じる。その中でも、複数のソースから得られた精度の高い、あるいは精度の高そうな情報がテレビや新聞を通じて流れていく。

はたして事件はなぜ起きたのか？　被害者がなぜ白石の元へ行ったのか？　9人もの殺害に至る動機はいつ醸成されたのか。

事件発覚から約1年半後、事件の詳細を知ろうと、私は立川拘置所にいる白石の元へと向かった。

第二章　面会
―見えない犯行の背景―

2-1　最初の面会

一か八かの賭け

２０１９年４月２日、私は立川拘置所にいた。ＪＲ立川駅北口からバスに乗り、最寄りである「立川消防署」バス停で降りる。バス停から信号を渡った反対側にその拘置所はあった。多摩地域の未決拘禁者を収容する施設だ。いわゆる座間事件で起訴された白石は、高尾署が逮捕したために、立川拘置所に収監されていた。

すでに事件から１年以上が経過。メディアの関心は、白石から離れていた。そんな中、私は拘置所に向かった。拘置所前の桜は満開だった。受付で面会の申し込みをする。

申し込みの際には、収監されている被告人との関係を書かなければならない。私は「知人」と書き込んだ。面会目的のところには「取材」とだけ記入した。面会は１日１組３人まで。もし、私よりも先に誰かが面会をしていたら、その日は会えない。白石が私を拒絶しても、会えない。一か八かの賭けだった。

待合室で待ち続ける。数十分が経つと、女性係員に呼ばれた。金属探知機のゲートを通って、面会室「9番」に通された。手荷物は、ノートとボールペンのみが許される。ドアを開け、座って待っていると、アクリル板の向こう側に、刑務官に付き添われた白石がきた。服装は上下とも黒ジャージ。ちょっと戯《ふざ》けた様子で、頭を下げて面会室に入ってくる。逮捕されたときの写真よりはふっくらし、髪はやや伸びているようだった。

まずは、白石に私のことを認識してもらうために、ノートに名前を書いて自己紹介をした。

私　：手紙を一度出したのですが、覚えていますか？

白石：手紙が多すぎてあまり覚えていないですが、あ、〝ネットナンパ〟って書いていた……思い出しました。

白石が立川拘置所に移送された後、私は白石に次のような手紙を書いていた。そこでわずかながら、ネットナンパについて触れていたのだ。その文面の一部は次の通りである。

「死にたい」とつぶやいている人を誘うのは簡単だったのでしょうか。ネットナンパ師を取材したことがありますが、病んでいる女性ほどネットではナンパしやすいと言っていたりします。やはり、「死にたい」とつぶやいている人は誘い出すことが簡単だったのでしょうか。

これまでの手紙や取材を含めてネットナンパに触れた人が私以外いなかったので、白石は覚えていたのかもしれない。白石は初対面の私に対して「手紙を読んだ」という意思表示をした。

こうして自己紹介が終わる。すると、白石は人差し指と中指、薬指を立てて、私にこう言った。

「高すぎてもらえないし。これまでの経験では、だいたい3万でしょうか？」

いつからSNSに目をつけたのか

実は事前の報道で、白石に面会で事件のことを聞くと、お金を要求されるという話が出ていた。そして、報道の通り、白石は私にお金を要求してきた。ただ、「事件の本筋のやりとりでなければ、お金を取らない」との話があり、最初の面会では、その条件で話をすることになった。

このとき、私の最大の関心事は、白石がどのようにインターネットを使い、どのように被害女性を誘ったのかという点だった。白石がインターネットをいつ頃から始め、どのように使いこなすようになったのか。それが分かれば、事件の動機や背景も見えてくる。

早速、「いつからインターネットを始めたのか？」と聞く。

「ケータイを持ったときからですね。でも、自分から『ほしい』と言ったわけじゃないんです。塾に行くときに、親から持たされたんです。だから中学生のときですね」

総務省の『通信利用動向調査』によれば、白石が中学生だった２００４年末、インターネット利用率は「13～19歳」で90・７％と、10人中９人が利用していた。さらに、携帯電話の世帯保有率は91・１％で、「13～19歳」の利用率は69・６％。中学生以上の10代は３人に２人が携帯電話を使っていた。これらを考えると、白石が携帯電話を利用し始めたのは、多くの人が携帯電話を使い始める頃と同じで、決して早いわけではないようだった。

事件では、白石はTwitterを利用して女性を誘い出していた。さらに、ダイレクトメール（以下ＤＭ）で繋がった女性たちとは、無料通信アプリのＬＩＮＥやカカオトークを使って通話をしようとしていたこともある。そこで、次に私は、ＳＮＳはどんなものを使っていたのか、聞いてみた。

「ありとあらゆるものを利用していたので、覚えてないですね。ホームページみたいなものや掲示板とかいろいろあったじゃないですか……」

はっきりしない答えが返ってくる。そこで、事件で中心的に使用していたTwitterに絞って、どんな風に使ったのか、質問を投げかけてみる。

「スカウトをしていたんですが、風俗の斡旋に使えるなと思ったんです」

続けて、白石は使えると思った理由も話し始めた。

「スカウトとTwitterが、相性というよりも、集まりがいいと思ったんです。仕事を求める人からの反応がよかった。DMで『仕事がしたい』って言ってくる。のちにTwitterは犯罪にも使えるなって、思ったんです」

「相手に合わせただけ」

白石のネット遍歴が少し明らかになったところで、私は質問の内容を変えた。犯行で、白石は自殺願望のある女性をターゲットに絞っていたが、なぜ狙うようになったのか。

思い切って「死にたい人をターゲットに定めたのはなぜですか?」と聞く。すると、ニヤリと笑い、白石は「そこは有料です」と答えた。やはり事件に絡んだ質問ということだった。

そこで、白石のネットコミュニケーション方法について掘り下げた。実は、面会までに、私は白石と直接ＤＭのやりとりをした女性に取材しており、そこで白石は首吊り自殺に関する情報のやりとりの際に、気持ちを入れずに返事をすることもあれば、辛い気持ちに共感するような返事もしたことを知っていた。死にたい人同士がネット上で会って自殺をする「ネット心中」でも、同じようなやりとりがある。白石は「ネット心中」を狙ったのか、それとも実際に共感していたのか。

「相手に合わせただけです。求めるものに合わせたんです。情報交換だけでなく、共感的なやりとりもありましたよ」

これを聞いて、「あぁ、白石はネットナンパに徹していたんだな」と感じた。私が今までに取材してきたネットナンパ師と、同じような思考回路。さらに話を聞くと、連絡手段も相手に合わせて、ＬＩＮＥやカカオトークを使い分けていたようだった（一方で、私が取材した中では、白石が選ばせたとの話もある）。白石にとって、被害者たちとのやりとりはスカウトの延長線上にあったのかもしれない。そこで、「そのやりとりは、意識の中ではナンパなんですか？」と質問をぶつけた。しかし、白石の答えは「有料です」の一言。事件に関連するかどうかの判断は白石に委《ゆだ》ねるしかない。

繰り返すネットナンパ

どうやら、白石は相手に徹底的に合わせるタイプのナンパ師なのだろう。斡旋業と同じ感覚で相手の要望にとことん合わせる。ネットナンパの中ではオーソドックスなやり方だ。

こうしたコミュニケーションの仕方を白石はいつから覚えたのか。そこで、「ネットナンパを始めたのはいつですか?」と聞いてみると、白石は、「17歳の頃ですね」と答えた。

18歳未満の利用を禁じた、いわゆる「出会い系サイト規制法」が成立したのは2003年だ。白石が17歳だった07年にはすでに施行されている。しかし、当時は大人へのなりすましが容易だったこともあり、実際に利用する高校生はいた。それに「第5回情報化社会と青少年に関する意識調査報告書」(07年)では、10~17歳を対象にした「青少年調査」(対象は2000人、有効回収率は59・6%)で、「18歳未満の人が出会い系サイトを利用してはならない」ことを知っていたのは53%。約半数は利用制限を知らなかった。

続けて、ネットナンパのコツについても聞いてみる。

「数打つこと。お互いに写真を見せ合うことはありました。その時々で目標を持っていました。エッチしたいだけとか。スカウトのときは、仕事として。仕事かナンパかですね」

たしかに、ネットナンパは数だ。かつて、私も利用者の人に取材するため、ネットナンパを体験した。男性として登録すると、待てども連絡が来ることはほとんどなく、どれくらい連絡したかが重要だ。私が体験したときは、２００人にメッセージを送り、返信があったのは10人。実際に会えたのは3人。その中には、会えるまでに2年かかった人もいる。ネットナンパを繰り返している男性の話を聞いても、会うまでに年単位がかかることもあるようだった。

では、こうした出会いから恋愛に発展することはあったのだろうか。

「ネットからの出会いで恋愛をしたことはないですね。直接の知り合いの中でしか恋愛経験はないです。逮捕されたときに、報道で、『付き合っていた』とか言う女性が取材に応じていましたよね。『家に行った』とか、『遊びに行った』とか。『元カノだ』という女性もいたとか。あれは全部、嘘。だって、22歳のときからずっと彼女がいないですよ。一緒にいたいと思った女はいないですね」

淡々と答える白石。その態度や声色は、恋愛自体に興味がなさそうであった。しかし、改めてもう少し掘り下げると、どうやらそうではないようで、理想のタイプについて聞くと、芸能人の名前を挙げながら、詳しく答える。

「ガリガリ（に痩せている女性）は嫌なんです。だって、エッチしたときに、恥骨が当たって、痛いじゃないですか。だから、普通体型の女性じゃないと嫌なんです。でもネットじゃ分からない。だから確認をしますよ。もし、普通体型じゃないならば、待ち合わせ場所でわざと帰ってしまうこともありました。（ネットナンパした女性と）エッチに持っていけそうだったけど、わざとしないときもありましたし」

もどかしい時間

通常、面会は20～30分であることが多い。決まった時間が与えられるわけではなく、事実上は同席する刑務官次第だ。そのとき、刑務官はまだ時計を見ていなかった。ただ、私の感覚は残り時間があと少しであることを告げていた。

聞けるのは残り数問だと、私は気になっていた質問を白石にどんどんぶつけた。

私　：これまで会った人数はどのくらいですか？

白石：有料です。

私　：Twitter のアカウントはいくつあった？

白石：うーん、それも有料です。

私　：「首吊り士」はなんと読む？　くびつりし？　くびつりざむらいという人もいるが。

白石：あー、それも有料です。ただ、逮捕後、偽アカウントがたくさんできたことを捜査員から聞きました。バカだなと思いますよ。

私　：逮捕されたときの感情は？

白石：有料です。

私　：裁判に臨むにあたっては？

白石：有料です。

　事件に直接関わる内容の質問が多かったこともあるが、急に「有料です」一辺倒になる白石。ここまで続くと、さすがにもっと聞きたくなる。しかし、とうとう刑務官が「時間です」と言った。白石は「これ以上知りたければ、これです」と、再度、人差し指と中指、薬指を立てる。つまり、「3万円」だと主張し、ドアの向こう側に消えていった。

　一般的に、取材の際、相手にお金を払うことはない。新聞記者経験からすれば当然だ。ただ、雑誌の取材では、謝礼を支払うことはゼロではない。取材倫理や合理性、必要性の観点や、謝礼を払ってでも聞く価値があるのか、支払額なども含めて総合的に判断しなければならない。

　面会を終えて私には葛藤《かっとう》がつきまとった。

2-2　再びの面会

現金を渡すべきか

面会後、私は立川拘置所を出て、約250メートル離れた立川市役所内にあるコンビニまで歩いた。白石は「3万円」を提示していたので、とりあえずATMで同額を下ろす。拘置所に戻るまで、よくよく考えた。本当に現金を渡すべきなのだろうか。

私は原則として、金銭の授受を取材条件にしていない。ただ、白石の場合は拘置所内にいて、話を聞けるための関係づくりは難しい。さらに、事件内容は私がライフワークにしているテーマそのものだった。インターネットは居場所になりえるのか。若者はなぜ自殺するのか。インターネット上のコミュニケーションの結果、なぜ見知らぬ人との自殺を考えるのか――。

白石と拘置所内で面会した記者たちの記事を読んでも、この点は不明だった。

窓口に向かい、受付の担当者を目の前にするまで迷ったが、熟慮の末、例外的ではあるものの、今回は現金を支払うことにした。現金は、封筒に入れずにそのまま担当者に手渡した。

2回目の面会は4月11日。日程は、最初の面会のときに白石が指定しており、電報で連絡を入れた。白石は手紙の返事を基本的にしない。そのため、今回も当日にならないと、面会できるかどうかは分からない。幸いにもこの日は先に面会をした人はおらず、２度目の面会もすることができた。

５つのアカウントを使い分ける

待合室で30分ほど待たされた後、面会室「３番」に通される。このとき、白石は緑色の作業服のような服装をしていた。

白石が席に着くと、私は早速、関心事の１つであった「ネットナンパで出会えた人数」について質問した。

「正直、学生時代には全然会えていなかったんです。月に１人会えればいいほう。社会人になってからは１、２週に１人ですね」

前述の通り、白石はネットナンパを17歳、高校２年生のときから始めている。一方で、ナンパで女性と出会えるようになったのは、高校卒業後、就職をして１人暮らしになってからのようだった。出会う頻度が高くなったのは、やはり「コツが分かった」からということなのだろうか。

「そうです。それに、スマホの普及でアプリが出てきたからです」

白石がナンパ用に使っていたのは、ＳＮＳとチャットアプリだ。そして、最も使っていたのは、位置情報を利用した「ぎゃるる」というアプリだった（２０２０年にサービス終了）。「安心・安全に対する取り組み」を掲げており、24時間３６５日のチェック体制、18歳未満は利用できないとされていた。一方、「ぎゃるる」は当初、異性交際を目的にしていなかったこともあり、出会い系サイト規制法の適用外。年齢認証はなく、事実上、中高生も利用していた。

私も取材の一環として「ぎゃるる」をダウンロードしたことがある。アプリを起動すると、ＧＰＳを活用して、自身の近くにいる女性ユーザーが表示される。男性のユーザーからは、女性の写真が閲覧可能だ。アプリ内のメッセージでやりとりができると、実際に会いやすい。もちろん、サクラも多く、別のサイトやアプリに誘導されることもある。

白石が学生時代に利用していたＳＮＳは分かった。ではスカウト時代はどうしていたのか。

「Twitter を使いましたが、そのときは出会い目的ではないです」

Twitter は比較的、若年層に利用されている。アライドアーキテクツ株式会社の２０２０年12月の企業公式アカウント利用実態調査（調査対象４４０９人）によれば、年代別の利用率は、15〜19歳が76・9%、20代が65・0%、30代が50・6%、40代が45・6%、50代が38・5%で、40代より若い層は半数以上が利用している。ナンパやスカウトをするとしたら、Twitterが最適なのだろう。

こうしてTwitterも利用し始めた白石。それでは、実際に犯行に使用したアカウントはいくつあるのだろうか。それまでは、《死にたい》と《首吊り士》の2つが主に報道されていたが、複数のアカウントを持っていたということは、報道されている数以上のアカウントを利用していた可能性もある。

「5つです。《―》《ｓｌｅｅｐ》《さみしい》《死にたい》《首吊り士》です。それぞれコンセプトが違います。日常生活の話をつぶやくもの、死にたいとつぶやくもの、自殺の情報や幇助《ほうじょ》をしているとつぶやくもの、です」

報道の内容以外に3つのアカウントを所持していたと話す白石。ただ、のちの公判で明らかにされるが、《終わりにしたい》というアカウントもあり、6つを利用していたようである。それもアカウントごとに使い分けており、かなり緻密にTwitterを活用していたようだ。中でも《死にたい》を最も使用していたようで、私が取材した限りでは、《首吊り士》でやりとりしたのが5人に対して、《死にたい》でやりとりしていたのは24人だった。白石自身も面会で「《死にたい》ですね。繋がった人の半分以上はこのアカウントです」と答えている。

被害から逃れられた4人

これらのアカウントを使って9人を殺害した白石。前述のように、取材した限りでは最低でも29人とTwitter上でやりとりしていた。すると、そのうち直接会ったのは何人だったのだろうか。白石に聞くと、「13人です」との答えが返ってきた。つまり、直接会った人のうち4人は無事だったことになる。なぜ彼らはターゲットから外れたのだろうか。

「4人のうち1人は男性です。お金もなさそうだった。もう1人は、事件を起こした8月から10月まで付き合っていました。部屋にクーラーボックスがあったのを見て逃げ出した女性もいました。残りの1人は10日間だけ一緒に住んでいました」

ここで、最初の面会と話が食い違う。前回は「ネットからの出会いでは恋愛はしたことはない」と言っていた。はたしてどちらが正しいのか。本当のところは白石にしか分からない。

さらに、無事だった4人のうち1人は、男性でお金もなさそうだったから、犯行に至らなかったと説明したが、殺害された9人のうち1人は男性（Cさん）だ。彼も裕福だったわけではなく、白石が奪ったのは数千円ほどである。似たような境遇にもかかわらず、殺害に至ることもあったわけだが、その違いはなんなのか。ほかの被害者の殺害動機も含めて質問する。

「１人目の女性（Ａさん）は早く口説けました。そして、お金を持っていることが分かったのです。だからヒモになろうと思ったんです。アパートの契約のお金を出してくれました。しかし、ほかにも男がいることが分かりました。ということは（自分を捨てて）その男を選ぶかもしれない。Ａさんは、相性のいい男性を探していましたから。出て行けと言われるかもしれない。殺すしかないと思ったんです」

白石の話を少し整理すると、ここでいう「ほかの男」とは３人目に殺害されたＣさんであろう。つまり白石は、Ａさんが自分の代わりにＣさんを選ぶかもしれないと思い、そうなる前にＡさんを殺害。Ａさん殺害がバレるのを恐れ、Ｃさんも手にかけたようである。

ただ白石は、ＣさんがＡさんの彼氏なのか、もしくは恋愛感情を抱いているかを確認していない。ということは、Ａさんは白石の思い込みで殺害されたことになる。もし白石が２人の関係を確認していたら……。その後の展開も変わっていただろうと、私は想像した。

続けて白石は、ほかの殺害動機についても話した。

「昏睡状態（失神状態を指すと思われる）のままでのセックスに目覚めたんです。でも、そのまま帰らせると通報されるかもしれない。執行猶予中だったので、見つかれば、今度は一発で実刑になるかもしれない」

白石が、失神状態で性的な行為を初めてしたのはAさんだ。面会ではいつの時点で目覚めたのかはっきりしない（公判で明らかになる）。が、連続して殺害に至る動機自体は、Aさんを殺害したときから、性的な理由が占めるようになったようだった。

本当に死にたい人はいなかった？

白石がターゲットにしたのは「死にたい」などと自殺願望をつぶやく女性たちであった。一方で、逮捕後の報道では「本当に死にたい人はいなかった」と白石が供述しているとの情報も流れていた。この発言の真意はなんなのか。私の取材テーマと重なることもあり、白石にはどうしても聞いてみたかった。

「（『死にたい』とつぶやく女性たちと）DMなどで悩み相談になることがありました、それぞれに理由があるということです。学校に行きたくないとか、家にいたくないとか、彼氏に振られたとか。ある女性はよくよく聞くと、『家出をしたい』と言っていた。『なぜ？』と聞くと、『母親の管理がきついため』ということだった。そこで『うちに来る？　養うよ？』と誘うと、簡単についてきたんです。こんな風に理由があったんです」

白石自身の自殺願望についてはどうだろうか。最初の面会では、ネットナンパの延長線上で白石が被害者とコミュニケーションをとっていた様子が垣間見えたが、そのやりとりで白石は自殺の心情を的確にとらえていた。自殺願望は別にしても、少なくとも白石が自殺願望のある人とのコミュニケーションを学んでいる可能性は捨てきれなかった。

「（自殺を）考えたことはないですね。ただ、逮捕後、警察の取り調べが厳しい時期があったので、自殺が頭をよぎったことはあります。でも、立川（拘置所）に移ってからは、環境が改善されました。ご飯も美味しいので、今は（自殺を考えたことはなく）大丈夫です」

白石の話を聞く限り、やはり犯行時に自殺願望はなかった。被害者たちとのやりとりは、ひたすら寄り添うというネットナンパの手口を使っただけのようだった。

躊躇や後悔はなかったのか

ここまでの話を整理する。報道と面会での話によれば、白石は失神状態でのセックスを繰り返し、発覚を恐れて被害者たちを殺害。バラバラにして遺棄した。改めて凄惨な犯行である。なぜ被害者たちをバラバラにまでする必要があったのか。

「外に遺体を捨てるとなると、埋めないといけない。遺体の全身があると、車で運んで埋められないですよね。バラバラにして、骨やバラせるものは燃えるごみとして捨てたんです。バラせないものはクーラーボックスに入れました」

さらに話を聞くと、犯行の計画性も徐々に見えてきた。

「1人目の女性を殺害する前に、過去のバラバラ事件がなぜ発覚したのかをネットで調べたんです。すると、山の中へ遺体が入ったクーラーボックスを運んでいる途中に職質された、などが書いてあった。それぞれの事件発覚に該当しない方法で実行しようと思ったんです。〝携帯電話は長い間、放置しないと警察は位置情報を特定できない〟と、前回（職業安定法違反容疑で）逮捕されたとき、刑事に教わったんです。だから殺害後、（被害者の）携帯を破壊しました」

実際に白石は3人目まで隠蔽工作のために、被害者のスマホを別の場所に捨てるよう指示した。一方で、4人目以降は捜査を攪乱させる工作をしていない。その理由はなんなのか。面会では聞くことができず、公判で明らかになるのを待つしかなかった。

それにしても、それまで人を殺したことのない白石が、2カ月という短期間で男女9人を殺害するとは。通常は「殺したい」という欲求があったとしても、実際に殺害するまでにはハードルがあるはずだ。躊躇《ちゅうちょ》はなかったのだろうか？

「それはかなりありますよ。それに殺害しても入手できたのは、結果として60万円（実際は約50万円）ほど。割に合いません。ただ、一度、売春（斡旋）で捕まっているので、再び同じスカウトはできないだろうと思いました。きちんとした仕事にも就けそうにないし、詐欺や窃盗のスキルもありません。だったら、ヒモになって女性に貢いでもらうしかないと思ったんです。そんな風に考えて、（いろんなリスクを）天秤にかけたんです。もちろん、殺害するのは勇気がいりました。1人目の殺害後は頭痛や吐き気がありました。しかし、1人目を殺害することで、それを乗り越えたんです」

9人を殺害したとなると、死刑になる可能性は高い。白石も薄々その可能性に気づいていただろう。発覚すれば、死刑。犯行に及んだ2カ月間、白石はそのことをどのように考えていたのだろうか。

「1人目を殺害した時点で、どのくらいの罪になるのかをネットで調べました。私がしたのは、強盗、強姦、殺人となるので、死刑を意識しました。最初は、死刑を回避することを考えたんです。殺人ではなく、同居人が自殺をしたことにして、遺棄しただけにしようと……」

その後もいくつか質問をする。まだまだ白石には聞きたいことがある。一方で、面会の時間は終わりが迫っているようだった。刑務官が時計に目を向け始める。最後に私は、「家族や被害者にこの時点で言いたいことはありますか?」と聞いた。

「家族には『ごめんなさい』かな? いや、違うな。『もう忘れてください』だな。(被害者の)遺族にも『忘れてください』と言いたいです」

ゆっくり、言葉を弱めに話す。すると、刑務官が「時間です」と会話を制止した。席を立つ白石。再び3本指を立てて、面会室のドアの向こうに消えた。

2-3 最後の面会

白石の子ども時代

3回目の面会を行ったのは、2020年7月28日。このときは、『週刊女性』の編集者とともに臨んだ。通されたのは面会室「11番」。9時5分になると、白石が現れた。紺色のTシャツに緑色の半ズボン。無造作に伸びた長髪、無《ぶ》精《しょう》髭《ひげ》。新型コロナウイルス感染拡大の対策で布マスクをしている。「よろしくお願いします」と白石は深く頭を下げた。マスク越しだと声が聞き取りにくい。今回は、どのような子ども時代だったのかを掘り下げようと考えていた。早速、子どもの頃はどのように過ごしていたのかを聞く。

「小学校のときも、中学校のときも、高校のときも暗くて大人しい、地味な感じでした。勉強は可もなく不可もなく。成績は、(評定が)2から4の間。中でも得意科目は算数・数学と体育でした。動物は好きで、インコを飼っていました」

小学校のときは陸上クラブに所属していたらしい。中学生になると1年生のときは野球部に所属するが、その後は陸上部に移籍。種目は長距離だったという。

高校で白石は職業科に入った。部活動は中学の頃とは打って変わって柔道部に。どうやら、それまでも格闘技が好きだったようだ。

「年末のK-1の番組はよく観ていました。アンディ・フグが好きでした。中学で格闘系の部活に入ろうと思ったんですが、ありませんでした。高校でもボクシング部があればよかったんですが、なかったので、柔道部に入りました。でも、1年でやめました。バイトを始めたんです。相武台のホームセンターや、もう閉店していますが、座間のスーパーです。当時の時給は850円でしたが、部活よりも楽しかったんです」

白石の話を聞く限り、学生時代に価値観を変えるような強烈なエピソードはない。

一方で、高校入学と同時に父親との関係には歪《ひず》みが生じていたようだった。

「この頃は父親と仲が悪く、早く自立したかったんです。ただ、思春期的なやつです。些細なことで喧嘩しました。『早くお風呂に入れ』とか、『電気を消して寝ろ』とかです」

喧嘩の内容はありふれたものだろう。どの家庭にだって起こりえることだ。父親との関係が強烈に悪いようには見えない。白石自身もごく普通の高校生であったような印象を受けた。

愛情に恵まれた

父親との仲が悪かったことを話す白石だが、ほかの家族との関係はどうだったのだろうか。母親と妹は、白石が高校卒業後、離婚がきっかけで実家を出ているが、それまではどうだったのか気になった。

「父と母と妹の4人家族でした。母はとても優しく料理が上手なほうでした」

もう少し、母親と妹との関係について掘り下げてみる。

「親からの愛情という意味では恵まれたと思います。今思い出せるエピソードで言えば、歯の矯正をしてくれましたし、視力矯正で病院に通わせてくれました。愛情は感じていました。

お母さんの料理も美味しかったです。虐待やいじめもありませんでした。

妹とは、普通がどういうものか分かりませんが、妹は幼い頃は遊んでいましたが、だんだん疎遠になっていきました。思春期になると、ほとんど顔を合わせませんでした。接点はありませんでした。でも兄妹ってそんなものじゃないですか？」

白石は母親のすすめで、塾にも通っていた。最初の面会で話していた通り、これが携帯電話を持つきっかけになる。

「(通っていたのは) 中学校1、2年生のときですね。地域密着型の総合進学塾に行きました。自分で選んで行ったわけではなく、親に言われてなんとなく……。ほかの習い事はしていません」

白石の話から見える家族像は、やはり特に変わったものではない。気になるのは、拘置所に収監されてから家族が一度も面会に来ていないこと。手紙のやりとりもないようだった。

ここから話を変えて高校卒業後の白石についても質問をぶつけてみた。白石は卒業後にスーパーに就職している。

「卒業してから就職して、横浜市戸塚区に住むことになりました。給料の手取りは14万円だったと思います。この頃、パチンコやスロットにはまってしまい、お金が足りませんでした。

求人情報誌を見ていたら、手取り20万円の仕事が載っていて、〃いいな〃と思った記憶があります。仕事を辞めた後は、実家に戻りました。その後、座間市内で1人暮らしをしました。そして、池袋に住みました。そして、実家に戻り、そして、（現場の）アパートになります」

職場を転々としながら、生活は実家と1人暮らしの繰り返し。話を聞いていると、ここでも、なかなか事件を連想するような価値観を揺るがす出来事は感じられない。そのため、人生のどの時点に戻りたいと思うのか、質問すると、迷わず白石は答えた。

「1つは、高校進学のとき。進学校に行って、大卒になっていれば、給料が変わったでしょう。高卒の給料と、大卒の給料が違うって知らなかったんです。知っていれば、大学に行きたかったですね。あのとき、父親とうまく付き合っていれば、と思っています」

白石は「虐待はない」と言っており、これまでの話にも強烈なエピソードはなかったが、父親から離れたいほどの関係性だった。それが、今でも人生の分岐点だったようだ。もう1つとして挙げたのは、高校卒業後の就職先であるスーパーを辞めたこと。どうやら、社会保険がとてもしっかりしており、振り返れば仕事も充実していたようだった。

一方で、どちらも事件に関わるような大きな出来事というわけではなさそうだった。

さらに話題を変えて白石の恋愛についても話を聞いてみる。1回目と2回目の面会では、最後の恋愛は22歳のときと言うこともあれば、犯行の間にも付き合った人がいるなど、返事に食い違いがあったが、実際のところはどうなのだろうか。

「18歳と20歳と22歳のとき。3回とも逆ナンパ。嬉しくて付き合いました。でも別れることになりますが。18歳のときはデートに遅刻したことが原因。2人目、3人目は僕の浮気が原因でした」

今回は1回目と同様に、22歳が最後の恋愛だと答えた。犯行に及んでいた際の女性関係については今回もはっきりしなかったが、少なくとも白石にとって強く印象に残ったのは今挙げた3回の経験なのだろう。

また、事件後には拘置所に一般の人が接見に来ており、中には結婚を希望する女性2人も訪れていた。そのせいか、獄中結婚をするという情報も流れたが、白石としてはどう思っているのだろうか。

「獄中結婚ですか？（手で×印をつくり）ないですよ。結婚するつもりはないです。当初、Twitter で知り合って結婚したいと言ってくる女性が2人いました。でも信用できませんでした。話した内容が、週刊誌に流れ、記事になっていたからです」

最後までお金と性に執着

3回目の面会も刻々と終了の時間が迫る。

ここで、私は白石が自身の犯行と類似の事件に関してどう思うのか投げかけてみた。座間事件発覚から約2年後の2019年9月には、Twitterで知り合った自殺願望のある女性（当時36歳）を当時22歳の大学生が殺害する事件が起きている。私は被告人尋問を傍聴したが、その大学生は「自殺願望者の力になりたかった」と話していた。

「（彼は）学校の先生になりたかったんですよね。うーん、なんで殺したんだろう。もったいない」

白石から「もったいない」という言葉が出るとは思わなかった。白石自身も、それほど得られた〝報酬〟は多くないからだ。たしかに、19年9月の事件は大学を卒業して就職間近な時期のものだ。第一志望の教員ではないとしても、就職をすることで、安定した生活や安心感を得られるはずだった。私からすれば、白石だって職安法違反となった事件で有罪判決は下ったものの、執行猶予がついており、人生のやり直しができたはずだ。白石にだって〝やり直せる〟と思える時期があったように思える。

また、2019年11月に起きた嘱託《しょくたく》殺人事件についても聞いてみる。ALS患者の女性

（当時51歳）が、安楽死を希望し、Twitterで知り合った医師らが殺害したという事件だ。

「報酬が１３０万円ですよね？　医者だったのに、もったいない」

この類似の事件の感想も「もったいない」だった。自身の犯行についても「殺害しても入手できたのは、結果として50万円ほど。割に合いません」と言っていたが、もっと多くのお金でなければ、犯行に及ぶのは損だと思ったのだろうか。もしそうであれば、価値観はほかの事件を見ても変わっていないようだ。得られる額で判断している。

外に出られるとすれば、何をしたいのかについても聞いてみた。

「女性と性行為をしたいですね。今は、拘置所内で自慰行為は週1回ですから。ネタもありませんからね。後、ラーメンや焼き鳥、寿司も食べたい」

ヘラヘラした様子でそう答える。拘置所ではどうやら筋トレや読書、将棋をしたりして過ごしているようだ。

スカウト時代から最後まで「お金」と「性」を欲した白石。裁判では起訴事実を認める方向のため、死刑を覚悟しているようだった。性への執着は強いが生に対しては投げやりに見える。最後にもう一度、事件当時の自分について聞いた。

「レイプして、生かして帰したら、捕まってしまう。だから殺した。ちょっと考えが浅かったですね。人を1人殺す報酬として50万円は安すぎます。性欲だけに走ってしまいましたね。取り調べでは、警察に、性犯罪は麻薬みたいな状態だと言われましたが、まさしくそうでした」

こうして3回目の面会は終わった。

私は、裁判中にでも、もう1回は白石と面会ができるような気がしていた。しかし、この面会を最後に、直接話を聞ける機会はなかった。

白石とは、何度も面会できている記者と途中で拒否される記者がいる。また、途中から金銭を要求しないという話もあり、最後の面会の後も、私は何度か現金の差し入れなしで面会のために立川拘置所へ出向いた。電報で、可能性のある日程を提示し、その日程すべてに顔を出す。しかし白石が私の前に現れることはなく、「お金の問題か?」と思って謝礼を準備しても、私の呼び掛けに白石が反応することはなかった。

第三章　裁判

―明らかになる事件の全貌―

3-1　8月の犯行に関する審理

裁判の論点

事件から約3年が経過した2020年9月30日、東京地裁立川支部（矢野直邦裁判長）で裁判が始まった。12月までに24回、計77日間にわたり審理。被害者、殺害日、起訴内容は次の通りで、審理は大きく3組に分けて行われた（罪名等は冒頭陳述による。殺害日は17年）。

Aさん（当時21歳）：8月23日、強盗（現金数万円）と強制性交等殺人
Bさん（当時15歳）：8月28日、強盗（現金数千円）と強制性交等殺人
Cさん（当時20歳）：8月30日、強盗（現金数千円）と殺人
Dさん（当時19歳）：9月16日、強盗（現金数百円）と強制性交等殺人
Eさん（当時26歳）：9月24日、強盗（現金数千円）と強制性交等殺人
Fさん（当時17歳）：9月28日、強盗（現金数千円）と強制性交等殺人
Gさん（当時17歳）：9月30日、強盗（現金数万円）と強制性交等殺人

Hさん（当時25歳）：10月18日、強盗（現金数百円）と強制性交等殺人
Iさん（当時23歳）：10月23日、強盗（現金数百円）と強制性交等殺人
※殺害後、すべての被害者に対して死体損壊と死体遺棄
※Cさんのみ男性で、そのほかの被害者はすべて女性
※Eさんの殺害日はのちの審理で9月25日とされていた

検察と弁護側の双方で事実関係に争いはないが、問題は被害者が「殺害されること」を真意に基づいて「承諾」していたかどうかだった。検察側は、被害者には承諾がなく、単なる殺人であるとの主張だ。一方の弁護側は、黙示のうちに被害者は真意に基づく承諾をし、同意殺人罪が成立すると主張した。また検察側は、被告人に精神障害はなく、責任能力には問題ないとする一方、弁護側は、なんらかの精神障害が存在したはずで、無罪もしくは刑を減刑すべきだとした。

初公判には13席の一般傍聴席を求めて多くの人が並んだ。倍率は約48倍。それでも注目裁判の割には低い印象だ。霞が関ではなく立川支部であること、コロナ禍の影響等があったのだろう。だが、私の初日の抽選は外れた。

【精神鑑定医の証言】自殺願望の芽生え≠自殺の決行

10月5日。白石の精神鑑定を担当した鑑定医の証人尋問が行われた。自殺に関する精神医学的な基礎知識を裁判官や裁判員に説明する。最初は、「なぜ死にたいという気持ちが表出されるのか」という質問。鑑定医が答える。

「苦痛や悩みがあるとき、人は解決しようとします。しかし、解決ができない場合は苦痛や悩みに耐えられません。不安定な心境になり、もう耐えられないと思うようになります。そのときに自殺を思いつくことがあります。逃げるしかないと思ったり、ひきこもったり、行方不明になったり、アルコールや薬物に走ったり、自傷行為をすることもあります。（中略）

自殺願望と、自殺を決心して行動に至ることはまた別に考えなければなりません。そして、計画性がなくても、衝動的に人は自殺する。その自殺願望に周囲が気づかないとすると、SOSを発信していないか、発信していても、受け止められない場合があります」

耐えられない不安や苦痛に相対したとき、人には自殺願望が芽生えることがある。一方で、自殺願望と行動に移すかどうかは別問題であるということだった。鑑定医が一通り話し終えると、弁護側は続けて「周囲が自殺願望を分からないこともありますか？」と聞いた。

「あります。死を決めることと、決心が強いかどうかは整理する必要があります。（自殺願望のある人は）方法を思いついたり、死後のことを考えたり、死後の世界を考えたり、さまざまなことを考えています。死について計画したからといって、今すぐ死のうとするかは別です。ふいに電車に飛び込む人もいます。一方、うつ病の治りかけのほうが、自殺リスクが高かったりします。医療者の立場とすると、『生きていこう』『自殺するつもりはない』と言って退院したけれども、その後、〝事故〟になることはありえます」

裁判では白石がなぜ短期間で9人も殺害したのかに注目が集まっていた。一方で、こうした被害者たちが自殺願望をつぶやく心理についても考えなければならない。

そんな法廷で白石は気怠《けだる》そうに被告人席に座っていた。

【Aさん・冒頭陳述】犯行までの経緯

鑑定医の話の後、検察側の陳述が始まった。最初は1人目の被害者であるAさん（当時21歳）について。検察側によると、Aさんは神奈川県内で母と兄との3人暮らしで、精神科に通院するなど、不安定な精神状態だった。犯行までの経緯をまとめると次の通りである。

2017年8月上旬（以下、犯行年は同様のため省略）、AさんがTwitterに自殺願望をつぶやく。すると、職業安定法違反容疑で執行猶予中の白石がAさんにDMを送信。8日にはカカオトークで連絡を取るようになる。白石はこのとき、面会の際にも話していた通り女性のヒモになろうと考え、スカウト時代の経験から、「自殺願望のある女性は言いなりになりやすい」と思っていた。

同じ頃、Aさんはインターネットを通じてCさんとも出会う。2人とも自殺を考えていた。そのため、12日にはAさんが白石に「Cさんと自殺するのを手伝って」と連絡。15日に座間市内の公園にAさん、Cさん、そして白石の3人が集まった。しかし、Aさんはこのとき「死ぬのをやめる」と伝え、3人はそのまま公園で解散した。

翌16日、白石はAさんに60万円ほどの貯金があることを知る。実家を出ようと考えていた白石は、Aさんのヒモになろうと一緒に住むことを提案。市内の複数の不動産業者に問い合わせて部屋を探した。白石は当時、無職。自分名義でアパートは借りられない。そこで、Aさんに貯金51万円を銀行口座に入金してもらい、引っ越し資金を入手した。

白石はAさんが実家を出る際に、「家族あてに失踪宣告書を書いたほうがいい」とも勧めている。後の被告人質問では「私以外の人と自殺をすると（書いてほしいと）お願いをしました」と内容の方向性も指示していたことを明かしている。白石とのやりとりを発覚させせないためや、行方不明者届を警察に受理させないための工夫だと考えられる。

20日頃になると、白石は「ほかに男がいる」と思い、貯金の強奪とAさんの殺害を考え始める。殺害方法についてはネットで検索した。Aさんは23日に小田急線・片瀬江ノ島駅（神奈川県藤沢市）に向かう。そこで交通系ICカードやスマートフォンを手放した。「海に捨てるように」と白石は指示したが、Aさんは駅のトイレ内に放置した。また、白石はこの間にホームセンターでのこぎりやロープ、クーラーボックスを購入している。

「（Aさんへ借金の）返済の話は何も出ていません。（ほかの男性のところへ行き）返済を求められた後、部屋に（Aさんと）1対1という状況にならないだろうと（思った）。Aさんは外に出て、（Cさんと）生活し、（返済のための）連絡だけをよこす状態が望ましくないだろうかと考えるはず。それを防ぐために（Aさんを）殺した。（Aさん殺害は）バレなければいいと思いました」

Aさんがアパートに戻ると、白石は隙をみて、いきなり手で首を絞めるなどして失神させた。その姿を見て欲情し、強制性交。ロープで首を絞めて、アパート内のロフトに吊るして殺害した。所持金と口座に残っていた36万円を奪う（15万円はアパートの契約金）。そして、8月下旬、白石はAさんの遺体を浴室で解体。頭部などの骨はクーラーボックスに隠し、それ以外は可燃ごみとして遺棄した。

弁護側の主張

続いて、弁護側の陳述に移る。弁護側によると、Aさんは中学時代にいじめに遭っていた。また、恋愛での悩みもあったようだ。高校1年のときには、1カ月ほど家出もしている。帰宅後に精神科に行くと「適応障害」と診断された。その後は通院を止めるものの、市販薬で過量服薬し、入退院を繰り返す。入院中にはリストカットしたり、自殺を試みたが、看護師に止められた。

Aさんが自殺系サイトを見始めたのは、高校時代にスマホを購入してから。そこで知り合った女性と、江ノ島の海で自殺も図っている。しかし、自分だけが生き残った。罪悪感を感じていたようだった。

2017年8月、死のうとして1年が経ち、Aさんの希死念慮が強まった。「死にたいけど、死ぬことすらできない」と思っていた中、白石とTwitter上で繋がる。直後、Aさんは「本当に殺してもらえるんですか?・」「うそじゃないんですか?・」と白石にメッセージを送った。

さらに、20日の日記には「殺されてもいいから終わりにしたい」と書いている。殺害前日の22日にもAさんはほかの人と「殺されたい」とのメッセージのやりとりをしていた。こうした、状況から弁護側は「(殺害を)承諾していた」と主張した。

【Aさん・被告人質問】弁護人の質問に黙秘

10月8日。黄緑色の作業着のような服装の白石は、初公判と同じく気怠そうに証言台にある席に座っていた。被告人質問が始まる。しかし、ここで白石は弁護人の質問に答えない宣言をした。

弁護人：早く裁判を進めてほしいと言っていました。今の心境をお聞かせいただけますか。
白石　：……。
裁判長：聞こえていますか？
白石　：聞こえているのですが、公判前整理手続の内容を喋ってもいいのでしょうか。
裁判長：私が尋ねているのは聞こえているか、ということです。
白石　：はい、聞こえています。
弁護人：最初の事件の関係や白石さんの生い立ち、Aさんの事件について質問しようと準備しています。今年8月の面会で白石さんは、弁護人の質問には一切回答しないと言っていましたが、その考えは変わっていますか。

白石　：一切、答えません。

弁護団側の協議のため、裁判は一時休廷となった。冒頭で休廷となる裁判はなかなかない。白石と弁護団の、裁判進行上の方針がズレているようだった。再開後、検察官の質問へと移る。以降、白石は検察官の質問にだけ答え続けた。

検察官：お金と性欲が犯行の動機でしょうか？

白石　：はい、間違いありません。

検察官：（逮捕後）なぜすぐに認めたのですか。

白石　：証拠隠滅をする前に警察が来たので、あきらめてすべて白状することにしました。黙秘も考えましたが、ほかの状況や事件の大きさから、あきらめて白状することにしました。

目標はヒモになること

続いて、検察側の質問は白石のAさんとのやりとりに関する内容に移った。白石はまず

Twitter の使い方について、次のように答えている。

「Twitter を使ってキーワード検索し、『疲れた』『さみしい』『死にたい』とつぶやいている女性をフォローしたり、ＤＭを送ったりしました。何か悩みや問題がある人のほうが口説きやすい、操作しやすい」

白石は被害女性とのやりとりで、自殺願望はないものの、「一緒に死のう」とも言っていた。その理由について、白石は「自殺願望がある人は、『一緒に死にたい』などと言うと信頼が得やすい」と話す。こうしたコミュニケーションを続ける中で、白石はＡさんと知り合った。

「忘れてしまったのですが、どちらかが Twitter のアカウントをフォローしてやりとりが始まりました。『一緒に死にましょう』『殺してあげます』とか、どこに住んでいるのかなど、Ａさんと親交を深めるようなやりとりでした」

８月８日、２人はやりとりをカカオトークに移行した。白石は「死ぬのを手伝いましょうか?」とＡさんにメッセージを送った。その意思はないものの、Ａさんは白石に「殺人罪になりますよ」と返信した。白石は「死刑になれるなら構いません」と返している。

15日の夜にはＣさんも交えて、小田急線・中央林間駅（神奈川県大和市）に集合した３人は公園に向かう。すると、２人と少し離れて歩いていた白石にAさんから「Cが死ぬのをやめたので、私も死ぬのをやめます」とメッセージが届いた。３人はお酒を飲みながら、公園で朝まで過ごした。その後、白石は「お金があるなら貸してほしい」などとAさんにメッセージを送っている。

白石は、Aさんの自殺を止めるかのようなやりとりもしていた。検察官とのやりとりでは、「好意があったのか」という質問に対して、「かなり長い時間、一緒にいたので好意はありました」とも答えている。

嫉妬から殺害へ

冒頭陳述にもあった通り、Aさんにほかの男の影を感じると、白石はAさんの殺害を考え始めるように。20日には、牛や人間の解体動画をインターネットで閲覧していた。当時の心情に関して、白石は次のように述べている。

「金ヅルにするか殺害するか、感情が入り交じっていた。そのままでもよかったが、彼氏がいないことも明言せず、私以外の男の影もあったので」

Aさんは彼氏が「いない」とも「いる」とも言っていない。「私以外の男」は誰を指すのか曖昧なまま、白石は嫉妬していたようだった。ただ、2人で借りたアパートで生活をするという話までしているのだから、Aさんは、白石に対して信頼関係が芽生えていたのではないだろうか。しかし、勝手な思い込みを抱いた白石は殺害する方向へ傾く。

検察官：Aさんから殺害依頼はあった？

白石　：ありません。

検察官：アパートでどれくらい話しましたか？

白石　：数時間。

検察官：その後は？

白石　：Aさんは薬と酒を飲んでいたので、（薬と酒が）回ってきたタイミングで襲いかかりました。背後から引き倒し、馬乗りになり首を絞めました。

検察官：Aさんの首を絞めたとき、どうだったのでしょうか。

白石　：私の手をどかそうとして、手のひらや指を握ろうとしてきました。しかし、それをはねのけて絞め続けました。5分くらいすると、失神しました。

その後、白石は冒頭陳述にもあった通りAさんを殺害した。

質問に答えない理由

同日、白石は被告人質問で弁護側の質問に答えない理由も証言した。

弁護人：この裁判では、死刑が求刑されることが分かっていますよね？

白石　：……。

裁判長：返事をしないと聞こえているかどうか分からないですよ。

白石　：……。

裁判長：聞こえていますか？

白石　：弁護人の質問には一切答えるつもりはありません。

別の弁護人が質問を続ける。「答えませんか？」と聞かれると、白石は「はい」と返事をし、理由をこう話した。

「答えないと先に進まないので、申し訳ないですが、あなたは信用できないので黙秘します。裁判が長引くと、親族に迷惑がかかる。そのため、（承諾殺人ではないという）検察側の起訴事実を認めていると、最初から弁護人には言っていた。弁護人も『分かりました』と言っていました。ずっと『私の希望に合わせます』と言っていた。

しかし、公判前整理手続に入ってからは『争う』と言ってきた。話が違うので、受け入れられません。解任したいと思ったのですが、裁判所に受け入れられませんでした。仕方がないですが、（承諾殺人ではないという）今の主張は変わっていません。結局、今の国選（弁護人）で裁判に臨むことになりました。しかし、（私と裁判での）方針が合わず、根に持っています。以上です」

私との面会でも、白石は争わないと言っていた。「最初の弁護士は黙秘すべきとの方針だったので、その弁護士はお断りした」とも話しており、裁判の方針の不一致が原因にあるようだった。

ちなみに、白石は弁護人の質問には答えないものの、同じ趣旨の検察側からの質問には答えている。また、裁判員からの質問にも白石は答えた。その内容はAさん殺害のきっかけに関するもの。それまでも「ほかの男」の影を感じたからだと述べてはいたが、この質問に対して白石はさらに踏み込んで答えた。

「私以外の男性との付き合いがあるような雰囲気だったんです。2度目のホテルで性交渉を持ちかけたが（Aさんに）断られたこと、また、自分のこれまでの過去の経験上、短期的にお金を引っ張ることはできるが、長期的には難しいと思っていたことです」

裁判官からは「Aさんとの関係を続けていく選択肢はなかったのか？」とも聞かれた。その質問に白石は「そういう選択肢もあったが、Aさんをひきつけておく自信がなかった」と答えた。

そして、ほかのいくつかのやりとりとAさんの遺族の意見陳述が終わると、Aさんに関する審理は終了した。

【Bさん・冒頭陳述】「生きていこうと思います」

10月8日には、2人目の被害者・Bさん（当時15歳）の審理も行われた。

検察側によると、Bさんは当時高校1年生。群馬県内で両親と3人で暮らしていた。高校では演劇部に所属。絵を描くのが好きだったようだ。

一方で、学校の宿題を提出するのは苦手、というよりもできなかった。そうした状況の中、夏休みが終わろうとしていた8月26日にBさんは「関東で一緒に死にませんか。」とツイート。Aさん殺害後もTwitterで女性を探していた白石とDMをするようになり、「死にたい」と伝えた。27日には「一緒に首吊り自殺をしよう」と約束をする。

8月28日。Bさんの高校の始業式があった。しかし、自宅を出た後、Bさんは学校に「欠席する」との連絡を入れる。家に戻り、私服に着替えるBさん。9時過ぎに最寄り駅から電車に乗り、待ち合わせ場所であった小田急線・相武台前駅（神奈川県座間市）に向かう。駅に着くと、近くの公園を散歩。一旦、白石と会う前にＢさんは帰路に就いた。

14時29分。Ｂさんは白石にＬＩＮＥで「生きていこうと思います」と送った。そのメッセージに白石は「しばらくは（白石の）家にいたほうがいい」と返信。Ｂさんは白石宅に向かう。そのとき白石は「Ｂさんは自殺する気がないし、金ヅルにもならない。強制性交後、殺害しよう」と決めたようだった。

白石は、小田急線・片瀬江ノ島駅へ行き、スマートフォンを捨てて、私服を着替えるように指示する。16時46分に相武台前駅を出て、Ｂさんは片瀬江ノ島駅へ向かった。ただし、白石の指示に対してＢさんはスマートフォンを海には捨てず、駅のトイレ内に隠した。スマホは翌朝に発見され、駅で保管されていた。

白石宅に戻ると、白石は2人きりで話をしている中で、睡眠薬でＢさんを眠らせ、結束バンドで両足を縛り、口元に粘着テープを貼った。そして、強制性交後に殺害。遺体の頭部は、口元にテープが貼られたまま発見されている。

きっかけは学校の課題

一方、弁護側の主張は次の通りだった。

Bさんは学校の課題や宿題の期限を守って提出するのが苦手だった。提出を忘れるというよりも、課題や宿題を完成させることができなかったようだ。この点は、中学時代から学校側と母親からも注意を受け、叱責をされていた。そのため、学校へ行くのを嫌がるようになり、早退や欠席が多くなった。

そんな中、学校に行くふりをして、家の中で身を隠していたことがあった。見つかった付近に落ちていたのは、犬のリード。「自殺しようとしたのではないか？」と母親は考えた。Bさんにとっては、提出物を出せない悩みは死にたいと思うほどのことだったのだろう。学校側はBさんを特別支援の対象に。母親は「もしかしたら、ＡＤＨＤなのか？」と疑うようになる。

２０１７年4月、Bさんは高校に入学した。しかし、入学前の課題提出にまた四苦八苦した。１学期の成績は「赤点」で、その原因も提出物を出せていないこと。夏休みは補習をすることになるが、休みが終わる時期になって再び提出物が問題になった。

8月26日。翌日、母親とライブに行く約束をしていた。課題はこの日までに終える予定だった。しかし、Bさんは自殺系サイトを閲覧。さらに前述の通り、Twitterに「関東で一緒に死にませんか。」とツイートすると、白石と繋がった。「首吊りですか？　飛び降りですか？」と白石が送ると、Bさんは「首吊りがいい」と返信。日程に関しても、次の通りBさんは自ら提示をしていたようだった。

死にたい（白石）：いつにしましょうか。
Bさん　：明後日がいいです。

そして、28日に1人で白石に会いに行く。

これをもって弁護側は「承諾があった」と主張した。

【Bさん・供述調書】最後のやりとり

続いて、Bさん事件の証拠調べや関係者の調書の読み上げが行われた。ここでは、その内容を白石とBさんとの、DMやLINEのやりとりと併せて述べる。

8月26日17時。母親はBさんに「皿洗い、片付け、宿題。終わった？」とLINEを入れた。19時から画塾の予定もあり、「先にご飯を食べておくように」というメッセージも送る。

一方で、その頃、Bさんは自殺募集のツイートをしていた。

#自殺募集　#自殺志願
関東で一緒に死にませんか。
よろしければＤＭください。

午後5:36・2017年8月26日

母親は19時に仕事から帰宅した。「まだ終わってないの?」と言いながら、課題を見る。進捗《しんちょく》に関してBさんは「もうちょっとで終わる」と言っていた。だが、途中はほぼ白紙。春休みの課題も出しておらず、Bさんの帰宅後、「これでは高校に行く意味がないじゃん」と叱責した。そして、同日22時7分頃、Bさんと白石でＤＭのやりとりが始まる。

死にたい：フォローありがとうございます。

Bさん　：メッセージありがとうございます。現在位（「位」は誤字）は一人の人（別の自殺願望を持った人だと思われる）とやりとりしていますが、まだ何も決まっていません。

死にたい：Bさんの希望は?

Bさん　：そうですね。苦しくないほうがいいので練炭がいいです。でも、私は車がないですし、もう一人の人も車がないです。

死にたい：練炭ですか。八王子の件があるからなあ。途中で一人苦しくて開けてしまったんです。そのため、首吊りか飛び降りがいい。／場所はどこが？

Bさん　：森か人気《ひとけ》のないところがいいですね。候補は何箇所か。

死にたい：いつがいいですか？

Bさん　：明後日がいいです。もうひとりに聞いてみます。車持っていませんか。

死にたい：カカオかＬＩＮＥで通話しませんか？

Bさん　：家に親がいるので、通話はできません。

死にたい：どこ住みですか？　私は神奈川です。

Bさん　：群馬です。もう一人のほうは、ほかの人と行くそうです。

死にたい：都合のよいときに連絡ください。

その後、Bさんは直前のやりとりとは反対に、「家族が寝静まったら電話をしたい」旨を伝え、白石とＬＩＮＥで通話をした。

被害当日（28日）は始業式だった。寝坊をしたBさん。朝食を食べ終えて、出発直前になると、「自転車の鍵」がないと部屋を探しまわる。幸いにもすぐに見つかった。7時50分に、母親が「8時1分の電車（学校に間に合うギリギリの電車）に間に合わない？」と聞くと、Bさんは「間に合うから大丈夫」と言った。母親は「間に合わないならLINEして」と伝える。これが最後の口頭での会話。LINEのやりとりは同日の17時30分頃、Bさんの「何人かと勉強してくるので遅くなる。ご飯も食べてくる」に対して、母親が「了解」と返したのが最後だった。29日6時過ぎ、Bさんの両親は、警察に行方不明者届を提出する。

他方で、28日にBさんは白石と次のようなやりとりをしていた。

Bさん：すみません。遅れそうです。11時50分頃に町田駅に到着しそうです。／今、久喜駅です。／新宿駅で迷子になりました。

死にたい：駅員さんに聞いてみて。

Bさん：駅員さんに聞きました。12時10分に町田駅につきそうです。

死にたい：相武台前駅でも大丈夫ですか？　町田駅は人が多いので。

Bさん：12時26分に着きそうです。／お名前はなんと呼べばいいですか？／到着しました。／もう到着していますか？

死にたい：すみません。トイレに入っていました。

Bさん　：駅内のロッテリアにいます。／赤いイヤホンをつけています。／すみません。いろいろ考えて生きていこうと思います。

死にたい：いいえ。大丈夫ですよ。

白石と会う直前、自殺するのを踏みとどまったBさん。しかし、白石はBさんをアパートに連れ込み、殺害に及んだ。

【Bさん・被告人質問】楽観的なのか、計画的なのか

10月12日。この日の被告人質問も弁護側から始まった。「今日も弁護人の質問には答えませんか?」と聞く。だが、白石の返事は聞き取れない。裁判長が「答えるつもりはあるか、しっかり返事して」と促す。すると、白石は「答えるつもりはありません」と答えた。こうして、被告人質問は検察側の番となった。

検察官：《死にたい》というアカウントはAさんが、江ノ島から帰ってきた、2017年8月23日の前日、22日に開設していますね。どうしてこのタイミングだったのですか?

白石　：女性との接点を増やすために開設したと思います。

検察官：アカウント名はなぜこれにしましたか？

白石：「さみしい」や「死にたい」とつぶやいている女性が多く、そういう名前にすれば釣りやすいと思いました。

検察官：やりとりの目的は？

白石：会うこと、会ってからはお金を引っ張って部屋に転がり込むことです。

検察官：Aさん殺害後も？

白石：Aさんを殺害後も。目的は部屋に呼び込みレイプしたい。

検察官：どういう風に？

白石：今までだったら、相手の部屋に転がり込んだり、デートしたりだったが、できる限り私の部屋に誘い込むことが一番の目的になりました。お金になりそうだったら口説き、ならなそうならレイプする。

検察官：殺害は？

白石：考えていました。

ここで、1つ矛盾が生じる。前述の通り、白石は女性を連れ込む第一の目的が金銭であると供述しているが、それなら、なぜ高校生だったBさんをターゲットにしたのだろうか。

検察官：未成年であればヒモは難しいのでは？

白石　：とりあえず会ってから考えようと思っていました。

検察官：未成年でもお金を引っ張れると？

白石　：はい。

検察官：どうやって？

白石　：バイトしていたら貯金とか。親が金を持っていることも考えました。

「ヒモ」になろうとするなら、高収入もしくは収入が安定していた女性をまず考えるはずだ。周到な殺害の準備とは反対に、ターゲットの選定に対してはかなり雑で楽観的な思考である。

一方で、相手とのコミュニケーションに対してはかなり、神経を張り巡らせている。白石はBさんに対して「首吊りか飛び降りがいい」と選択肢を与えていたが、その理由を検察官に問われると、「選択肢を限定したら『なんでこの選択肢？』と疑問に感じると思ったので」と答えている。ナンパやスカウトを繰り返してきた白石は、自分が無理に会おうとしていると思わせないためにも、選択肢を与えて女性側に自ら選んだと錯覚させたほうがよいと考えていたのだろう。真っ先に自宅へ呼ばない理由についても「いきなり見ず知らずの男の家に来ることに抵抗がある女性がいると思うので」と答え、警戒心を解くことを意識していたようだった。

Bさんの意志

前述の2人のやりとりにもあった通り、Bさんは白石と会う前に「いろいろ考えて生きていこうと思います」とＬＩＮＥをして、一緒に死ぬことをやめる意思表示をした。この裁判の大きな争点は、黙示的に殺害される意思表示があったかどうかだ。となると、重要なのは、その後にこの意思表示とは別に「自殺」を遂行するやりとりがあったのかどうか。2人は会ってから、どんな会話をしたのだろうか。

白石　：Bさんには「なんで死にたいのか？」を聞いて深掘りしていました。
検察官：なんとBさんは答えたのですか？
白石　：家族とか人間関係がうまくいっていないと。
検察官：どう聞きましたか？
白石　：「なんで死にたいの？」と聞いて、吐き出した問題に、どうしてそれが問題なの？
　など、どんどん悩みを深掘りしました。詳しくは覚えていません。
検察官：ほかに何か話したのですか？

白石：首吊りに興味があったようで、木を見て、首を吊るにはどうすればいいか聞かれたので、身振り手振りで説明した。Ｂさんは授業を聞くように真面目に聞いていた。

Ｂさんの意思表示とは反対に、死にたい理由を掘り下げていた白石。どうやら、白石の回答を聞く限りでは、Ｂさんはメッセージを送った後に、「自殺」の明確な意思表示をしていたわけではないようだった。

明らかな抵抗

一方、「生きていこう」と思ったＢさんではあるが、白石には会っている。もしかしたら、家出願望のようなものがあったのかもしれない。それを感じ取っていたのか、白石は「家出願望につけ込んで養ってあげるよと伝えました」と供述している。

そして、犯行を隠すため、失踪の方法についてＢさんに細かく指示をした。それに関して、弁護人が質問する。弁護側の質問には答えないと宣言した白石であったが、なぜかときおり回答することがあった。

弁護人：警察に捜索願が出され居場所を探される、そういうことを言われなかった？

白石：言われたかどうか覚えていないのですが、Ｂさんを説得したというのが事実です。

弁護人：どのようにして失踪の方法を説明した？

白石　：電車に乗っている最中で降りて、全身の服を着替えるように服を買って、江ノ島で海にＩＣカードなどを捨て、帰りは切符を使って戻る。買った服を着て、前着ていた服は捨てるように言いました。

弁護人：それ以外に説明した？

白石　：ＬＩＮＥの内容で演技するように指示しました。

こうして、アパートに連れ込むと、Ｂさんをレイプして殺害するため、白石は「楽になるよ」と言って、お酒と睡眠薬を飲ませた。お酒は白石が好きなウイスキーのコーラ割りだ。そして、Ｂさんが眠くなってきた頃に背後から胸を触っていく。

Ｂさんは「やめてください」と言って、白石の手を振り払った。しかし、抵抗をはね除《の》けて、白石はＢさんを押さえ込む。「Ａさんと同じように首をつかんで引き倒し、馬乗りになって首を絞めました。右手で首を、左手で顎と口と鼻をつかんでねじり失神させました」と証言した。

検察官：首絞め以外の暴行は？

白石　：はっきりと覚えていないのですが、後頭部を床にたたきつけたりして。

検察官：Bさんは抵抗したのですか？

白石　：はい。私が触れている手を離そうとしてきた。

検察官：Bさんの抵抗はどのくらい続いた？

白石　：計っていないので分からないが、1分くらい。

これは、明らかに強制性交だ。白石はスリルを感じたと話す。また、その動機について、裁判官からの質問には次のように答えている。

裁判官：Bさんとのやりとりを始めたときの考え、お金になりそうであれば、ということですが、優先順位はお金ですか？

白石　：はい。

裁判官：難しそうであれば別の人を探すとかは？

白石　：Aさんをレイプした快感が忘れられず、レイプしたいと思った。お金にならなければレイプしたいと考えていた。

こうして、Bさんへの犯行に関する審理は終了した。

【Cさん・冒頭陳述】「これからはちゃんと生きていこうと思います」

同日には、Cさんの審理も始まった。Cさん（当時20歳）は被害者唯一の男性だ。一緒に暮らしていたのは両親と弟、妹の4人。知的障害者支援施設で働いていたが、休職中で9月から復職予定だった。検察側の主張は次の通りである。

8月12日。インターネットで知り合ったAさんとともに、白石と「自殺の手伝いをしてほしい」との約束をした。約2週間後の28日、Cさんは「自殺を手伝って」と白石にＬＩＮＥを送る。同じ頃には、CさんにAさんの母親からＬＩＮＥ電話がかかってきており、そのことも白石に伝える。Aさん殺害の発覚を恐れた白石。Cさんを殺害して所持金を奪うことを考えた。

29日、Cさんと白石は2人で会った。そこで、Cさんは「自殺する気を失った」旨を白石に伝えた。別れた後、CさんはＬＩＮＥで「これからはちゃんと生きていこうと思います」とも送る。白石は、Cさんを励ます内容の返信をした。

ただ、Aさん殺害の口封じのため、死んでもらわないといけない。2人は一旦解散したものの、「一緒にご飯食べよう」と合流した。自宅で殺害しようと考え、Cさんに「しばらく家にいれば」と言った。

その後、AさんとBさんと同じように、白石はCさんを小田急線・片瀬江ノ島駅へ行かせる。17時22分、小田急線・相武台前駅の改札に入り、途中の海老名駅（神奈川県海老名市）で下車。しばらくそこにいた。21時36分に海老名駅の改札を通過。相武台前駅へ戻った。そして8月30日の未明、白石はCさんを殺害しようとする。承諾も同意もない。いきなり腕で首を絞めて失神させた。その後、ロープで首を絞めて、ロフトに吊って殺害した。

Cさんの悩み

一方で、弁護側は、Cさんが希死念慮を持っていたとする理由を3つ挙げた。

1つ目は、小学校高学年のときに「高機能自閉症」と診断され、対人関係に悩みがあったこと。高校卒業後には、前述の通り知的障害者の支援施設で働くようになったが、当時は2年目のプレッシャーもあり、夜も眠れていないとのことだった。

2つ目は、音楽活動だ。高校卒業後、本格的に取り組むようになったものの、厳しいバンドリーダーに叱責されて、精神的に不安定な状態が続いていた。事件前の8月27日には、お願いされていたバンドの動画の編集について、リーダーの登場場面が少なかったのか、「余計な編集をするな」と言われ、再編集を要求されて悩んでいた。

最後は、恋人との別れ。事件2カ月前の2017年6月、2年間付き合っていた彼女から別れを告げられた。翌日、その女性に宛てた遺書を書き、睡眠薬を過量服薬。救急車で運ばれて入院した。退院後にはその女性を駅で見かけて、電車に飛び込もうともしていたという。

そして、再編集を要求された翌日にCさんは白石と連絡を取る。「苦痛があっても力任せに、Aさんにやった方法で殺してください。寝落ちしたところでしてください」とメッセージを送った。メモアプリで遺書を書いてもいる。これをもって弁護側は殺害を「承諾していた」と説明した。

【Cさん・被告人質問】連絡再開

10月14日。この日も弁護側との被告人質問は拒否し、検察側の質問にだけ答えた。検察側がまず掘り下げたのはCさんとのやりとりについて。白石は《　》というTwitterアカウントやLINEで、2017年8月13日から29日までの間に計123回、Cさんとやりとりをしている（通話は4回）。やりとりの中には自殺幇助の依頼も。そして、2人のやりとりは一度途絶えたものの、犯行直前の8月28日に再開。再開したのはCさんからだった。「お久しぶりです。失敗して申し訳ありません。また、お願いできませんか。連絡待っています」

と送っている。

検察官：8月17日、LINEのやりとりがあった？

白石　：Cさんから「殺してください」との依頼がありました。

検察官：しかし、17～28日までCさんから連絡がないが、ずいぶん空いている。依頼されていたのなら緊密なやりとりがあってもいいはず。どうして10日以上、連絡がない？

白石　：8月15日に会う以外、Cさんとの接点を持つ理由がないです。

検察官：CさんからLINEが来た中に、「失敗」とあるけれど、どういう意味ですか？

白石　：AさんとCさんが自分で死ぬのをやめたことを指しているのでは？

検察官：どうしてやめたのですか？

白石　：自殺をやめることを提案したから。自分（白石）が失敗させたという認識ではない。

白石とAさん、Cさんの3人が最初に会ったとき、Cさんが自殺をやめることを提案していた。しかし、Cさんの自殺願望は再び強くなってくる。その結果、28日に改めて「お願い＝殺人」の依頼を白石にしたようだった。

お金になるなら

Cさんの依頼を、白石は承諾した。当時の心境に関して白石は「お金になるなら殺してもいい。お金にならないなら、当日に都合が合わないということで、断るつもりだった」と証言している。実際、白石はお金の状況について、しつこくCさんに聞いていた。

―：いつごろ希望ですか？　縄やタオルのための給与は入りましたか？

Cさん：明日でお願いできませんか？　この前の縄（3人で会った際にCさんが持ってきたもの）は残っていないかな？

給与に関して答えないCさん。白石はさらに「手持ちはいくらありますか？」と送る。

Cさん：もうほとんどないです。バンジーロープ、音楽用ケーブルならあります。

―：私も手持ちないです。薬がないと厳しそう。縄はちゃんとしたものを使わないと苦しい。給与はいつ入る？

Cさん：薬は家にある。最悪、金は借ります。苦痛は少し、あっても構わない。Aさんにやった方法でお願いしたい。

―：どうせなら、Cさんには苦しい思いをさせたくない。

「Aさんにやった方法」とはAさんを含む3人で会ったときに、白石が見せつけた「背後に回って、腕で首を絞める」という方法を指す。

Cさん：睡眠薬が少し。酒と合わせれば落ちるし、寝落ちしたところを引っ張って。

――：わかりました。明日、何時から？

Cさん：いつでも大丈夫。Aさんにも声を掛けますが、来ない場合は無視で。

――：前回失敗しているので、今回は2人にしよう。

Cさん：途中で何か言っても無視してください。（LINEの）Aさん（のアカウント）からの電話があったが、出たのは親だったので即座にブロックしました。

この時点で、Aさんは白石に殺害されていたが、Cさんはそれを知らない。そのため、AさんにLINEを送った。Aさんの両親はそのメッセージを見て、Cさんに連絡をしたのだろう。そこで、Aさんの死を悟ったのか、白石にAさんが亡くなったと感じた旨のメッセージを送る。

Cさん：Aさん、先にいかれましたね。

――：Twitterでいろんな方と連絡をとっていたのでそうかも。

自分が殺害したことを誤魔化す白石。当時の心境を「（CさんとAさんの両親の）やりとりが本当か分かりません。しかし、Cさんに警察の捜査が及んだときに、情報がもれるのではないかと思いました。そのため、Cさんが生きていたらリスクが高いと思った」と証言している。

「やっぱりやめる」

こうしたやりとりを経て、Cさんと白石は29日に小田急線・南林間駅（神奈川県大和市）で待ち合わせをした。当初、白石はCさんを外で殺害、もしくは自殺させようとしていたようである。しかし、その後に、自宅での殺害に切り替えたのだろう。集合場所をアパートの最寄り駅である相武台前駅に変更。Cさんが到着する前には、遺体の解体で使っていた入浴剤やペットシートも購入した。

Cさんをアパートに連れ込む白石。ちなみに、カレールゥや中華ドレッシングも購入した。そこで自殺したい理由を深掘りした。だが、Cさんは「やっぱり死ぬのをやめる」と言った。話している最中に自殺の意志を失ったのだろうか。集合する前にもCさんは「これからはちゃんと生きていきます」というメッセージを白石に送っていた。

帰路に就くCさん。ここでも白石と次のようなやりとりをしている。

Cさん：これからはちゃんと生きていこうと思います。

――：まだ頑張れると思う。

しかし、当初の目的はAさん殺害の発覚を防ぐことだ。Cさんが生きていれば、いつかAさんのことを警察に話すかもしれないと思っていた。そのため、白石は「もう一度部屋に呼び寄せ、殺害しよう」と思ったのだ。

――：バンドメンバーとうまくいってないなら別のバンドに入るのは難しいの？

Cさん：難しいかもしれないが、頑張っていこうと思う。また何かあったらお願いしますね。

――：人間関係がうまくいかない状況で嫌なことが重なって死にたくなったのかもしれないけど、そのうちよいことある。せっかく来たし、ご飯でも一緒に食べる？　ロッテリア前にいる。

Cさん：いまから行ってもよい？

――：ロッテリア前で待ってる。

その後、2人は合流する。その前には失踪の工作をさせようとした。アパートの最寄りである相武台前駅から離れた片瀬江ノ島駅まで行き、スマホやICカード、身分証、タブレットを捨てて、途中で服装を着替えるように指示している。ただ、Cさんは、2駅しか離れていない海老名駅までしか行かず、荷物もコインロッカーに預けた。白石の指示に完璧に従ったわけではないようだった。一方で、その間に白石はゴム手袋をホームセンターで購入していた。

再び、アパートの部屋に戻る2人。酒を飲みながら、数時間話した。コンビニで買ったウイスキーのコーラ割りを2人で分けて飲む。睡眠薬を飲まされたためか、Cさんは眠くなる。すると、白石はCさんの背後に回って、首を左腕で絞めた。そして、ロープを使ってロフトに吊るし、Cさんを殺害した。

自信を持ち始めた白石

犯行翌日の8月30日。白石は、日本で起きた殺人事件のサイトを検索し、閲覧していた。「遺体を解体、遺棄するため。手口や、なぜ捕まったのかを調べた。知識を得るため」という。また、8月31日には、何人殺せば死刑か？ というサイトを閲覧している。その理由について検察官の質問には「この時点で3人を殺害しています。自分がどうなっていくのか知るため」と証言していた。ここまで3人を殺害し、どうやら白石はサイトを見て、見つかったら「死刑」であることを確認したようだ。

一方で、殺害に関する知識を求めていながら、その後の白石の犯行は、これまでよりも大胆になっていく。ここまでに3人を殺害していたものの、警察の捜査が及ばなかったからだろうか。

被告人質問では、直接会った後に生かした人に関する質問も出た。面会のときにも「13人に会った」と言っていたが、それが正しければ、4人は生かしたことになる。私も殺害した人と、生かした人との差は気になっていた。

裁判官：殺害した人とそうではない人との違いは何か?

白石　：自分に対して好意を持っていて、お金を持っていそうな場合、レイプをせずに、生かして帰しました。長期的にお金を引っ張ろうと思っていました。

ここで言う「好意」とは、「恋愛感情における好意」だろう。というのも、もっと広い意味で捉えれば、殺害された9人とも白石に会いに行っていることから、一種の「好意」はあったのではないかとも考えられる。そして、最終的にはやはり「お金」。すべての犯行を通して、ヒモになる意志だけは貫いている。

こうして、Cさんの親族の話の後、Cさんに関する審理は終わった。親族の話が終わった際、白石は頭を下げていた。

3-2　9月の犯行に関する審理

【Dさん・冒頭陳述】杜撰になる犯行

10月21日からは9月の犯行であったD〜Gさんの審理が始まった。最初はDさんからである。検察側の冒頭陳述によると、4人目の被害者であるDさんは当時19歳で、大学2年生。両親とともに埼玉県内に住んでいた。性格は真面目で頑張り屋。ただ、悩み事があり、何度か家出の経験があった。

一方の白石はDさんと会う前に、殺害をしていないYさんと知り合っていた。YさんもTwitterで希死念慮を表明するツイートをしていたようだった。DMの後、LINEのIDを交換し、やりとりを始める。そして、9月14日に会うと、23日まで白石のアパートで寝泊まりをした。白石は最終的にYさんを殺害せず、家に帰している。

そうした状況の中、Dさんが「一緒に自殺する人を募集します」とツイートをした。このツイートに、白石は《死にたい》でDMを送り、LINEでのやりとりも開始。そして、9月15日に2人は会う約束を交わした。

15日22時28分、Dさんはアルバイト先のタイムカードを押した。そして、16日0時26分、相武台前駅の改札を出て、白石と合流してアパートへ行く。

このとき、白石は寝泊まりしていたYさんを近くのカラオケ店に1人で行かせている。出会った後、白石はDさんを「お金を引っ張れそうにない」と判断。強制性交後の殺害を考えた。それまでは発覚を恐れるために失踪を装わせていたが、警察の捜査がなかったことから捕まらないと思い、このときは失踪を装う指示をしなかった。

16日未明、白石はいきなり、Dさんの背後から首を絞めて失神させた。強制性交後、首をロープでロフトに吊って殺害。その際、口と鼻にはガムテープを貼り付けて、両手両足は結束バンドで縛った。Dさんの所持金数百円も奪っている。

成績不振に悩む

一方、弁護側の陳述は次の通りである。

大学1年の前期、Dさんは「失格」や「欠格」の評価となった科目があり、単位を落としていた。後期も成績は悪化し、母親からの叱責を受ける。このとき、12日間ほど家出をした。

2年生前期も成績が振るわなかった。大学側から連絡があり、親子面談することになった。

指定されたのは9月16日。弁護側は「親子面談を避けたいと思ったのでしょう」と述べた。「なぜ避けたいのか？　それは、Ｄさんが非常に真面目で頑張り屋だからです。親をがっかりさせたくない。期待を裏切りたくない。そんな気持ちがあったのでしょう」と推測もしている。

9月13日、Ｄさんは Twitter で希死念慮を表明した。それを見た白石が《死にたい》で「首吊りのためだけにロフト付きの部屋を借りた」とＤＭを送った。その後、心中をしようという話に。決行の日付はＤさん自身が決めている。

Ｄさんは白石に「終わりが近づいたことで、少しだけ落ち着いて過ごせています」とＤＭも送った。15日の22時30分頃、バイト先から待ち合わせ場所の相武台前駅に向かう。23時34分、バイトから帰らないことを心配した母親が、ＤさんにＬＩＮＥするが、返事はない。母親は電話もしたが、Ｄさんは出なかった。こうして、16日0時30分頃、相武台前駅で白石と合流し、Ｄさんはアパートへ向かった。

こうした状況から弁護側は、Ｄさんにとって9月16日は特別な日であり、「命を絶たなければいけない理由」があったと主張した。

【Dさん・被告人質問】37のアカウントとやりとり

続いて被告人質問が始まる。弁護側の質問に対して、白石が回答を拒否し続けていたため、主要なやりとりは検察側と行われた。

白石はBさんの殺害後に、《　》や《死にたい》というアカウントを開設している。その目的についてはこれまで通り、「第一に会うことです。女性からお金を引っ張ったり、ヒモにならなければ、レイプすることを目的としていました」と供述。そこで、検察官は「どのくらいのアカウントとやりとりをしたか？」を聞いた。

検察官：警察の取り調べでは37のアカウントとのやりとりを確認しましたね？

白石　：覚えていません。

ネットナンパの場合、返信があった女性とのやりとりに関心が向く。面会での話も考慮すると、白石にもそのきらいはあり、覚えていないのはナンパ師として仕方のない素性なのだろう。Bさん事件以降は、証言の通りに女性と出会って、ヒモになれないなら失神させて強制性交、さらに殺害と死体遺棄することを定型化させていく。Dさんへの犯行では、すでにそのことを予期していたのか、出会う前から殺害と死体遺棄に必要なものをホームセンターで購入もしている。

検察官：9月4日に（幅）12ミリのナイロンロープを14メートル購入した（のはなぜ）？

白石　：女性を部屋に呼んで、レイプした後に殺害するためです。

検察官：ストッカーやコンテナは？

白石　：一部を遺棄する前に、部屋に隠匿する目的です。

検察官：猫砂は16袋購入している。

白石　：頭や骨の消臭をするためです。

白石はアルバイトをしていない。持っていたのはAさんが白石の銀行口座に入金した残りと奪った所持金。それらで道具を購入していた。このときの額は「6万円」。そんな少額で殺害の道具を揃えられるのに愕然としてしまうのは、私だけだろうか。

Yさんの殺害を避けた理由

Cさん殺害後、Dさんと会うまでに、白石には最終的に殺害に至らなかった1人の女性Yさんがいる。Yさんも、Twitterで「死にたい」とつぶやいており、そこから白石とのやりとりが始まる。

やりとりの際、白石は「ショウ、24歳」と名乗っている。実際は27歳だったが、その理由について「相手の年齢に近いほうが信用を得やすい」と答えている。「なぜ、偽名を名乗ったのか?」という質問には「Twitterに実名が晒されていたので……」と答えた。そして、白石とYさんは「一緒に死ぬ」と約束。9月14日に、Yさんは白石のアパートに向かった。

白石：Yさんはお金になるのか、見極めるために連れてきたんです。Yさんは収入がそれなりにある仕事です。お金になると思ったんです。

検察官：特定しなくてもいいので、Yさんの職業は?

白石：個人情報のため言いたくありません。ただ、夜の職業です。

白石は必要以上のことを聞かれるのが好きではなかった。そこで、検察官は質問を変える。

検察官：家で「死にたい」「自殺したい」という話はした?

白石：口説いているうちに、その気持ちがなくなっていきました。部屋に10日間ほど寝泊まりしていた記憶があります。

検察官：Yさんの自殺願望はいつまで?

白石：強い願望を持っていました。初日以降は特段に強い願望を聞かなくなりました。

検察官：性行為はしたのか?

白石：していません。

検察官：なぜか？

白石　：性行為をしたほうが親密になれる女性と性行為をしないほうが親密になれる女性がいます。Yさんは、しないほうが親密になれると思いました。

検察官：なぜ？

白石　：Yさんは夜の仕事をしていた。仕事で体を求められる女性はしないほうがいいと思った。スカウト時代にそういう女性を見てきた。

Yさんは23日までアパートにいた。その後もやりとりを続けており、白石は「生活費が足りない」との話をしていた。10月末には、生活費として5万円を要求もしている。また、殺害して、切断した遺体が増えていくため、保管場所としてレンタルルームがほしいと思った白石は「Yさん名義で借りてほしい」とお願いもしていた。しかし、Yさんは断っている。

Yさんに関しては被告人質問の最終日にも弁護側、検察側が双方とも質問した。

検察官：事件が発覚する心配はなかったのですか？　Yさんはボックスに入っているものを見て、逃げました。自分からLINEで「生首が入っている」と送りましたよね？

白石　：私としては話をして、逃げて、通報されるのを防ぐため、一応、送っていました。

最初のやりとり

Dさんと Twitter のDMでやりとりが始まったのは9月13日。Yさんと会う前日だ。「ネットナンパ」は、同時並行で進めるのがポイント。出会える率も高まるからだ。

同日、Dさんは「一緒に自殺する人を募集します」とツイート。「死にたい」「寂しい」などのキーワードで検索をしていた白石がそのツイートを発見する。

死にたい：フォロー、ありがとうございます。まだ募集していますでしょうか？

Dさん　：まだ募集しています。2、3日中に実行しようと思っています。

死にたい：薬、縄を準備しています。

Dさん　：方法や名前、性別、年齢をお願いします。

死にたい：ショウ、24歳の男性です。立ち姿勢、正座姿勢で首吊り自殺をするためだけにロフト付きの部屋を借りました。

Dさん　：ご都合が良ければ、今週の金曜日の夜でいかがでしょうか？

死にたい：わかりました。

Dさん　：疑うわけではないですが、連絡先をお願いしてよろしいでしょうか？

死にたい：カカオやLINEでもよいでしょうか？　個人情報がわかってしまいますので。

（やりとりがＬＩＮＥへ移行）

Ｄさん：日が沈む前ではなく、遅くなってしまいますが、大丈夫でしょうか？

白石　：遅くなっても大丈夫です。

Ｄさん：お手数かけます。

白石　：万全を期すつもりです。

Ｄさん：こちらこそ、よろしくお願いします。

白石　：不安なことや不明なことがあれば、いつでも聞いてください。

Ｄさん：こちらから用意したり、もちよったほうがいいものはありますか？

白石　：手ぶらで大丈夫です。

Ｄさん：終わりが近づいたことで、少しだけ落ち着いて過ごせています。

業務連絡のような無機質で淡々とした会話。私は「ネット心中」の取材をしたことがあるが、その際も当事者たちはこうしたやりとりをしていた。感情を吐露する場合もあるが、その場合は「ネット心中」に至らなかったことが多いように思う。

2人のやりとりを改めて確認すると、弁護側の言う通り、日付はＤさんが「今週の金曜日」（9月15日）を指定していた。ただ、この日はＹさんが白石のアパートにいた日でもある。

白石：Yさんには「友人が遊びに来るからアパートから出てもらう」と言いました。駅前にあるカラオケ店へ行ってもらいました。

検察官：Yさんがいるのに、Dさんとやりとりしたのは？

白石：Yさんがダメになった場合を考えて、繋がりが多いほうがいいと思っていました。

検察官：性欲もあったはずですが、Yさんとはせずに、Dさんを呼んでいる？

白石：Yさんは性行為をしないほうがお金を引っ張れると思った。女性をレイプしたい欲求はあったが、Yさん以外で発散しようと。

犯行を打ち明ける

それまでの3人の殺害で白石は、悩みを深掘りし、長い時間話をしたところで殺害に及んでいる。準備等も含めて、十分に時間をかけていた。しかし、このときはYさんのことが頭にあったので、部屋に呼んで1時間も経たないうちに殺害した。また、失踪工作もDさんにさせていなかった。その理由を白石は次のように答える。

「この段階で3人の女性を殺害していましたが、警察の捜査が自分に及ばなかったことで心の中で油断しました。Yさんを待たせていたので、工作せずにやってしまおうと思いました」

Dさんへの犯行では、遺体の解体にも時間がかかったようで、終わらないまま朝を迎えた。Yさんからは、「何かありました？」とのメッセージが届く。しかし、白石はこのとき寝てしまっていた。

Yさんがアパートに戻ってくる。玄関先でYさんを迎える白石。遺体解体中にもかかわらず、部屋に入れた。Yさんには油断をしたのか、心を許したのか。見られても平気だと判断したようだった。

「まだ解体中でした。腕や足を切り落とし、胴体の解体に入ろうとしていたところでした。そのため、『トイレは見ないで』といい、ロフトにあげたのです。このとき、事前に『Twitter の人と会って、自殺の手伝いをして、解体するかもしれない』と言っていたと思います。Yさんが警察に通報するかもしれないとも考えましたが、大丈夫だと思いました。知り合って、時間も経っていたし、信用、信頼、恋愛、依存のいずれかの感じがありました。私が逮捕されたら、Yさん自身が困るのではないかと思っていましたから」

白石はYさんを帰しても、警察に通報しないと確信していた。そして白石の予想通り、Y

さんは警察に通報していなかった。「信用、信頼、恋愛、依存のいずれかの感じ」があったのだろうか。この2人の関係性を読み解く必要があるが、裁判では時間もなく、はっきりさせることができなかった。

【Eさん・冒頭陳述】「死ぬのが怖い」

Eさんの冒頭陳述に移る。これまで通り陳述は検察側から始まった。

Eさんは無職で当時は26歳。精神不安定で、精神科に通院をしていた。

白石はDさんとやりとりをしている頃、《首吊り士》というアカウントを開設した。また、Dさんを殺害後の18日には《終わりにしたい》というアカウントも開設している。そうした中、9月23日にEさんは「一緒に自殺する人を募集します。#自殺募集」とつぶやいた。

同日、白石は《｜》のアカウントから「一緒に死にましょう」とのDMを送る。24日にEさんと白石は会う約束をした。首吊りで自殺するやりとりが行われたが、Eさんは「心のどこかで生きたいと思っている」というメッセージを送っている。それに対して、白石は「死にたいと生きたい。難しいですね」と返した。白石は相手の思いを否定しない。

24日、Eさんは小田急線・相武台前駅の改札を出て、白石と合流をし、アパートへ向かった。着いてから白石と話しながら、元夫とＬＩＮＥしたり、通話をしている。その中で、「死ぬのが怖い。嫌だ」「うちが死んだら悲しむ?」とメッセージを送った。元夫との通話の際には、アパートの部屋を出たり入ったりしている。

一方で、その様子を見た白石は「帰ってしまうかもしれない」と思い、殺害や所持金を奪うことを決意。この段階で、Ｅさんは白石の決意を知らない。殺害の同意も承諾もない。そして翌日の25日、白石はＥさんの隙をついて、いきなり首を絞め、失神させて強制性交をした。その後、ロープで首を吊り殺害。所持金数千円を奪った。

重なる家族との悩み

一方の弁護側の主張は次の通りである。

Ｅさんは19歳で結婚したものの、義父母とうまくいかず、良好な関係ではなかった。家事をうまくできないことを責められていたようだ。そのため、夫と一緒に、子どもを連れて、夫の実家から出て行き、３人で暮らすことになった。

しかし、その後は夫との関係で悩むことに。夫には十分な収入がなく、お金のことでよく喧嘩するようになった。一度、形式的に離婚。ただ、離婚をしても同居生活は続き、次第に、

２人は仲直りをし、再婚をした。

それでも、Ｅさんの家族に関する悩みは尽きなかった。というのも、実母とも不仲で、「精神的にしっかりしないといけない」と言われていた。発達障害傾向のあった子どもの保育園がなかなか決まらないでいたことも責められていたという。

家族の悩みが常につきまとっていたＥさん。その結果、精神科に通うことになり、うつ病や統合失調症の診断を受けることになる。育児疲れから何回か自殺未遂をしたこともあったようだが、幸いにもすべて夫が止めている。ただ、８月30日、夫とは二度目の離婚に。約２週間後には元夫が子どもを連れて家を出て行った。３人で住んでいた家は、Ｅさんの両親が購入したもので、離婚して１人で住むことになると、実母から「家から出て行くように」と言われた。しかし、Ｅさんには収入がない。家を出ては生活が困難だった。

そんな中で、９月23日にＥさんは自殺募集のツイートをした。24日にはメモも残している。そこには、「死にたい、死にたい。私は邪魔者。今度こそ、成功させたい」と記されていた。白石のアパートに行った後には、元夫と次のようなやりとりをしていたという。

Ｅさん：ありがとう。今吊っているんだけど、どうもうまくいかない。

元夫　：だったらやめたら？

Eさん：やめないよ。みんな私を煙たがっている。

こうした状況下から、弁護側は「Eさんは心の中で死を望んでいた」と主張した。

【Eさん・被告人質問】寄り添うやりとり

10月27日。この日も被告人質問は検察側の質問にだけ答える形で進んだ。

最初はEさんとのやりとりについて。自殺募集のツイートをした後、2人は次のようなやりとりをしていた。

―：フォローありがとうございます。まだ探していますか？一緒に死にましょう。

Eさん：探しています。よろしければ、ご一緒に死にましょう。

―：いつごろがいいですか？早く死にたいです。

Eさん：奇遇ですね。私も今すぐ死にたいです。

―：方法は？

Eさん：確実に死ねるなら何でもいいです。

―：首吊りはどうでしょうか？

Eさん：問題は場所ですね。失敗したら苦しいので（経験済）。

もちろん白石に死ぬつもりはない。「Eさんが、死ぬことを望んでいるので、その気持ちに同調しているふりをするために嘘をつきました」と証言した。さらにやりとりが続く。

――：成功させましょう。森や公園は、整備されたところだと警備は厳しい。整備されていないところだと、とても入りにくい。Eさんの部屋か私の部屋でどうでしょうか？

Eさん：自分の部屋は失敗しています。

――：自分の部屋ではどうでしょうか？

Eさん：今日会えればいいのですが。性別や年齢を教えてください。

――：大丈夫です。何時頃がいいですか。26歳男性です。

以前の証言にもあった通り、警戒心を解くために、Eさんに集合場所を選択させようとする白石。また、これまで「24歳」と言っていたのに、Eさんには本当の年齢を告げた理由に関しては、「Eさんのプロフィールに26歳とあったため、同じ年齢のほうが信用されやすいと思った」と話した。そして、集合場所を小田急線・相模大野駅（神奈川県相模原市）にと提案する。ただ、Eさんは日にちに関して少しだけ待ってほしいと返信した。

Eさん：1日だけ待ってもらっていいですか？　会いたい人がいます。

—：まだ幸せになれそうなんですね。

Eさん：なれないです。救ってくれるといいんですが。

—：元気出せそうなら、死ぬのは中止にしましょう。

Eさん：本当は死ぬ気がなかったんです。でも、2日前から連絡がなくて。

—：心の大部分を占めていたものがなくなれば、苦しいですよね。

Eさん：最近、人の感情がわからないんです。

—：いろいろあって人を信用できないんです。（信用できるのは）父とTwitterで会った人くらいです。


そして、Eさんは24日に白石のアパートに向かった。そこで、白石はEさんの悩みを聞く。「Eさんは旦那さんと子どもがいて、うまくいってないとか話していました」と証言している。一方で、前述の通り、Eさんは白石と話をしている最中に元夫とLINEもしていた。その都度、アパートの部屋を5回以上は出入りしていたようだった。

Eさん：死ぬの、怖い
元夫：ちゃんと話し合おう。
Eさん：うちが死んだら悲しい？

元夫　：悲しむよ。あたり前だろ。

Eさん：ありがとう。今、吊っているんだけど、うまくいかない。

元夫　：だったらやめたら？

Eさん：やめないよ。みんな私を煙たがっている。

犯行動機の深層

出入りを繰り返すEさんの様子を見て、帰ってしまうのではないかと焦る白石。そのため、ヒモになれるかどうかの見極め不十分ではあったが、部屋に戻ってきたときに玄関の鍵を閉め、急に襲いかかった。

「(前略) Eさんの場合は、出入りを繰り返していましたので、部屋に戻ったときに急に襲いました。雰囲気からお金の匂いがしませんでした。身なりや話の内容から判断しました。金を持っている人の特徴がありませんでした。部屋ではウイスキーとコーラを混ぜたものを勧めました。(中略) 薬も勧めました。(自分の持っている) デパス、ハルシオンとAさんの残した薬です。Eさんが飲んだかどうかは覚えていません」

その後、強制性交に及ぶと、ロープでロフトに吊るして30分から1時間放置し、死亡確認をした。当時の状況を白石は次のように振り返っている。

「薬が効くのを待って、襲いました。ちょうど床に手をつき、だるそうな、眠そうな、ふらふらな様子でした。立ち姿勢か、座り姿勢だったかは覚えていませんが、胸を触らず、いきなり背後から引き倒し、ねじ伏せました。背後から馬乗りになり、左手で顎や口をおさえました。首を絞めるときは、Eさんの顔を見ていません。もし、抵抗され、指で目を突かれたら困るから、私の顔はEさんの胸やお腹の付近にありました。（中略）弱い抵抗はありました。失神したと分かったのは、相手の抵抗がなくなったからです。一方的な格闘でした」

殺害時の説明をした後には、検察官とこんなやりとりもあった。

検察官：部屋の中で、なぜ自殺するという方向に持っていかなかったのですか。

白石　：Eさんが家を出入りしていて、帰りそうな印象があったからです。それに普通にしている状態で襲うのが快感になったからです。レイプも、デリヘルでやるなら、相手も分かっていてすることになる。あくまで一般の人、普通の人をレイプすると興奮します。いきなり襲いかかるのに楽しみがありました。

検察官：襲いかかる快感とはなんですか。

白石　：普通のセックスよりスリルを感じます。こんな説明で伝わるかどうかですが、仮称

Xさんとします。この事件が始まる前、8月上旬にこの仮称Xさんと合意のうえでセックスをしました。その後、9月の中旬にXさんと再びセックスをしたときは、射精できなかったことがありました。もう通常のセックスでは射精できなくなりました。首を絞めると、快感を感じます。

この証言が本当であれば、失神後に強制性交するだけでなく、抵抗している女性を無理やり襲うこと自体も事件の動機だったことになる。これが当時の感情なのか。公判での感情なのか。それは白石の供述からは判断することができなかった。

あまりにも残忍な犯行

強制性交後、白石はEさんを殺害した。その後は成人向けの動画を見たようだった。そして、浴室で遺体の解体に移る。そのときの状況を白石は次のように説明した。残酷な描写ではあるが、白石のありのままの犯行を知ってもらうためにあえて伝える。

「(前略) Eさんを浴室まで引きずっていき、血を抜きました。まず首を落としました。包丁でちょうど一周、皮を切り、のこぎりで首を落としました。切り落とすための時間は1分から3分」

この証言をしているとき、法廷内の傍聴席にある遺族関係者席から退席する人がいたと思われる。あまりにも衝撃的で残酷で、気持ち悪くなって当然だ。Eさんの関係者であるならば、なおさら、聞いていたくはない。裁判長も証言を一旦やめさせ、退席するのを確認した後、証言を再開させた。

「切り落とした後は、血抜きをするために、30分から1時間放置しました。（中略）その後、ブルーシートと猫砂を準備して、クーラーボックスに猫砂を敷き詰めました。頭と大きな骨を入れるためです。しばらく胴体は浴槽に浮かせて、腐敗を防ぐために、ロックアイスも入れました。消臭のため、柔軟剤を浴槽に入れたり、浴室の換気扇の部分に（柔軟剤を）かけました」

さらに、白石は作業の途中に自らコンビニで買い物に出かけている。ロックアイスや柔軟剤を購入したようだった。そして、ペペロンチーノやサラダチキンも購入して食べていた。食欲の減退はなかったのかという質問に対して、「ありませんでした」と回答している。

食事休憩をした後、白石はさらに解体作業に臨んだ。頭部などの遺体の一部はクーラーボックスの中に入れる。ほかの部分はペットシートにくるんで、チャック付きのポリ袋に入れて、新聞紙に包むと、ゴミ捨て場の2箇所とコンビニのゴミ箱に遺棄した。作業にかかった時間はトータルで4〜6時間ほどだったという。Aさん殺害後には悩まされた頭痛も、このときはなかったようだった。

検察官は最後に、遺族から頼まれていた質問をした。

検察官：Eさんには、お子さんがいます。お子さんの母親です。お子さんがいて母親であると聞いてどう思いましたか。

白石　：何も思いません。

検察官：Eさんを帰そうと思えば帰せたはずです。帰そうと思わなかったのですか。

白石　：いいえ。Eさんを帰そうとは思いませんでした。

【Fさん・冒頭陳述】17歳への犯行

続いてFさんである。検察側は冒頭陳述で犯行の流れや背景を次のように説明した。

Fさんは当時17歳で、高校3年生。福島県内で母親と弟と暮らしていた。将来の夢は、保健室の先生、つまり養護教諭になること。事件以前から、母親から叱責されたりすると、家出をしては数日後に帰宅することがあった。

9月18日、Fさんは「首吊りか練炭で自殺希望です」という内容のツイートを2回ほどした。それを見た白石は、《首吊り士》でＦさんにＤＭを送る。26日にはＬＩＮＥでのやりとりで、白石のアパートに行くことが決まった。26日から28日の正午頃までに１２５回のＬＩＮＥのメッセージのやりとりがされている。２回ほど通話もしていた。

27日11時15分、ＦさんはＪＲ福島駅（福島県福島市）で高速バスに乗り、17時5分、東京駅八重洲口で下車した。28日午前中に、ＪＲ新宿駅構内のコインロッカーに衣類と定期券、バス乗車券を預けて、衣類を着替える。10時47分、古着屋でワンピースを１着購入していた。

12時9分、２人は小田急線・相武台前駅で合流した。防犯カメラに２人が歩いているのが映っている。12時15分、相武台前駅近くの牛丼店に２人で入ってテイクアウトを注文。12時28分には、白石のアパートへ向かっているのが目撃されている。

15時47分、駅前のコンビニで、ケーキやティラミス、わらびもちなどのスイーツを購入した。そのときの代金も、白石のアパートから往復のために利用したタクシー代１３６０円もＦさんが支払っている。このときのタクシー運転手は次のような証言をした。

「20代半ばから後半の男性と、10代の女性を乗せました。（中略）２人は明るい感じで、ずっと話をしていました。恋人同士のようでした」

16時10分。Ｆさんは「歩いて１分のところへタクシーで行く贅沢。打ち上げ花火見てないけど、やることやった」とツイート。19時頃には「ねえ、死ぬって、本当、どういうことかわかっている?」ともツイートしている。一方で、同じ頃にはFさんの母親が連絡を取ろうと電話をしているが、Fさんは出ない。母親は友人にショートメールを送り、Fさんを探すことを依頼。その後、Fさんは母親にショートメールで「今から帰る」と送った。ただ、白石とFさんは部屋で過ごしているうちに寝てしまった。

先に起きたのは白石だった。この段階で、「お金を引っ張れるかどうか」の見極めはできていない。ただ、白石は、Fさんの寝顔を見ていて欲情し、強制性交して殺害することを決意した。寝ていたFさんから合意などは得ていない。殺害の「同意」も「承諾」もなかった。

白石は、Fさんの両手足を結束バンドで結び、口や鼻にはガムテープを貼った。するとそこで、Fさんが目を覚ました。Fさんは抵抗をしたが、白石はやめない。失神させて、強制性交をした。その後、ロープでロフトに吊り上げて殺害。所持金数千円を奪った。

友人に打ち明けた言葉

一方の弁護側は、Fさんには（自殺を考えるほどの）悩みがあったと述べた。悩みの内容は家族のことのほか、容姿や恋愛について。小学生の頃、父親が母親に暴力を振るったのを見ており、これをきっかけに家出をしていた。

その後は、父親や祖母とうまくいかず、母親と一緒に家を出ることになる。しかし、その母親にも不満があった。どうやらアルバイト代の半分を家計に入れなければならなかったようだ。家事をしても怒られることにも不満があったとしている。

容姿については、周囲から見れば痩せているように見えるものの、Fさん本人は体型に納得できず、昼食を抜くこともあった。恋愛については、交際相手とうまくいっていなかったようだった。

こうした悩みを抱えていた中で、日常的に「死にたい」と口にするようになり、Twitterで発信するようになって、その頻度も増していった。薬や首吊りについても調べていたようで、7月には首にロープを巻いた写真を友人に送っている。そして、9月18日に「首吊りか練炭で自殺希望です」とツイートしたことで、白石とのDMのやりとりが始まった。

白石のアパートに向かう際には、友人に「首吊り士と一緒に死ぬ」「明日はもうこの世にいない」とLINEでメッセージを送っている。友人はLINEで自殺を止めようとするが、Fさんは「失敗するわけにはいかない」と返信。アパートへ着いてからは、実家に帰ろうとした痕跡はなかったという。

【Fさん・調書読み上げ】直前まで支えた友人

冒頭陳述が終わると、Ｆさんの母親、そして友人Ｋさんの調書読み上げの時間となった。

Ｋさんがさんと知り合ったのは、中学3年生の頃。Ｆさんからは自殺の相談を受けることもあったようで、事件当日にもＬＩＮＥのやりとりをしていた。ここでは、そのやりとりを抜粋して取り上げる。

Kさん：死んでほしくない。友達をなくしたくない。
Fさん：じゃあ、だめ。
Kさん：やめる気ない？
Fさん：ない。
Kさん：どこ？
Fさん：なんで？　純粋に気になるだけ？
Kさん：僕が最後に話す人になる。
Fさん：せやな。
Kさん：知っておくべき。

Fさん：それもそやな。後で言うね。
Kさん：自殺はニュースにならないので、わからない。
Fさん：せやな。
Kさん：心中相手には会えた？
Fさん：場所は夜に言う。／またね。

Kさんは F さんから連絡を受けた際、警察に相談していた。そこで「LINEのやりとりをやめないでほしい」と言われ、途切れそうになりながらも、Fさんと連絡をとり続ける。しかし、同日の21時に送った「まだ着かない」というメッセージから既読がつかなくなってしまったという。

【Fさん・被告人質問】見せかけの約束

10月28日。この日も検察側の被告人質問から始まった。

最初は直接会う前のFさんとのやりとりについて。白石は、《首吊り士》のアカウントでFさんと9月末に繋がると、その後、やりとりをLINEに移行。9月26日の夜には通話もしていた。

検察官：通話の前はどんなやりとりをしていた？

白石　：おそらく自己紹介とか、何時頃、通話できますか？　という話。後は死ぬ方法とか、死ぬ場所とか。

検察官：具体的には？

白石　：自殺するための道具や場所を調査して、殺すとか死ぬとか。

検察官：道具とは？

白石　：薬や縄、ロープとか。

検察官：通話では何を？

白石　：自己紹介を含めて日取りを決めた。会う前、一緒に自殺か、殺害かという話も。

　ここでも白石は、Fさんと「一緒に死のう」という約束をしていたものの、自分にそのつもりはなかったと証言している。

自殺に関する話題はなかった

　待ち合わせの駅は当初、小田急線の町田駅か相模大野駅だったが、相武台前駅に変更した。そして28日12時9分にＬＩＮＥ通話をし、Fさんと合流。このときも白石は犯行を隠すための工作をしていなかった。

検察官：Aさん、Bさん、Cさんのときは、歩くときに距離を空けている。Fさんとは一緒にいるのはなぜですか？

白石　：その頃は正直、この方法だったら捕まらないと思っていた。

検察官：（食事等の）2人分は誰が支払った？

白石　：ストレートに「お金がない」と言ったら、Fさんが払ってくれました。自然の流れです。Fさんは「私が払う」と言いました。

アパートに着くまでの間、Fさんとの会話は「ゲームセンターに行きたい」「美味しいものを食べたい」などの話題が中心で、死に関する話はなかったという。自宅に着いてからはテイクアウトした牛丼を食べた。白石がウイスキーのコーラ割りを飲んでいると、Fさんも「飲みたい」と言ったようだった。そこでもFさんから「死にたい」「殺してほしい」という発言はなかった。

一方で、白石は「死」を連想させる流れに話を持っていく。17時1分、白石は「頸動脈洞反射」について検索をしていた。閲覧したHPは、「首くくり」のパフォーマンスを20年ほどしてきた男性のことが書かれている。そのページを見た理由について、「当時は、首吊りに詳しいふりをしていたので、（2人の間で）話題になった」と白石は話した。

その後、睡眠導入剤のハルシオンと安定剤のデパスを一緒に飲んだ。Fさんに「あなたは飲まないの?」と言われたために、白石も飲んでいる。このとき、中身は分からないが、Aさんが残した薬瓶にも興味を示し、Fさんは飲んだようだった。

検察官：どうしてFさんはあなたの家に来たと思う?

白石　：彼氏に振られ、顔に自信もない。だから新しい彼氏がほしいとか、自信がない部分を好きだと言ってくれる人を求めていたのでしょうね。

客観的に相手の心情を読み取る白石。ここまでの供述を聞いていて、白石にはある意味で人を判断する力があるように私には思えた。ただし、白石はFさんに確認はしていない。

性欲を制御できない白石

睡眠薬や安定剤と一緒にウイスキーのコーラ割りを飲んだ後、2人は寝てしまう。時間が経って、先に起きたのは白石だ。被告人質問では、その後にどのように犯行に及んだのか、具体的に検察官が問いただした。詳細に答える白石。検察官には犯行の残虐性を強調する意図があったように見える。

白石：私が先に起きました。Fさんは眠っていましたが、見ていたら、レイプしたくなりました。失神した女性をレイプしたいという感情がありましたが、寝ている女性をレイプしたくなりました。ロフトに登って布団を梯子の下に下ろしました。そして、Fさんを布団の上で縛りました。床の上だと、私のひざが痛いので。具体的には、結束バンドで手を縛り、足は青いテープで縛り、ロフトにロープを張り、首にそのロープをかけ、動けない状態でレイプしようと思ったのです。

検察官：その後は？

白石：口にガムテープを貼ろうとした最中にFさんが覚醒しました。そのため、首を絞めました。右手で首を持ち、左手で顎、口、鼻を包むように持ち、紐を交差するような形で首をひねるように絞めました。

検察官：Fさんは反応？

白石：ロープで縛っていたので動けない。殺害した9人の中で、一番早く落ちた（意識を失った）。胴体をゆらす反応はありましたが、一方的に首を絞め、相手が抵抗できない状態でした。

Fさん殺害に関する質問は、翌日の公判まで長引いた。殺害するときは失禁に備えて、下着をはかせたという。その後は、ロフトに上がるための梯子に、首に巻いているロープを結び直し、呼吸ができないように改めて口と鼻にガムテープを貼り付けると、首吊りの状態にして窒息させ、30分から1時間ほど放置した。これまでと同じように遺体を解体。奪った所持金は数千円で、生活費に使ったと話していた。

被告人質問では裁判官からも質問があった。白石はFさんとは《首吊り士》のアカウントでやりとりしていたが、アカウントのキャラクターづけを最初の「殺してあげる」という設定から、Fさんとのやりとりの結果として、「一緒に死のう」に変更したと述べた。そして、会ってからは、帰らせようとした段階もあったという。

裁判官：《首吊り士》というアカウントは、殺してあげるという設定のはずです。でも、Fさんには一緒に死ぬと話している。なぜですか？

白石　：相手もツイートをして、それからDMのやりとりをしてからですが、殺してあげる、あるいは一緒に死のうと送りました。どうすれば会ってくれるのか考えながらDMをしていたからです。

裁判官：Fさんに「今から帰る」と母親のLINEに送るように指示。本当は、帰らせようとしていた？

白石　：はい。

裁判官：工作ではない？

白石　：具体的に、お金を引っ張る方向で考えていました。

こうしたことを考えていたにもかかわらず、「寝ているFさんを見た」ことで欲情し、犯行に及んだ白石。計画性のなさが露骨に表れている。別の裁判官の質問では、Fさんは死ぬつもりで会いにきたのではないとも白石は振り返っていた。

【Gさん・冒頭陳述】日常に溶け込む犯行

Gさん（当時17歳）は、白石に殺害された7人目の被害者だ。検察側によると、埼玉県内の高校2年生で、両親と弟と住んでいた。性格は明るく、成績もよかった。事件の数日前から は学校を休んでいたが、アルバイトには出勤しており、バイト仲間とも食事をしていた記録がある。Gさんは先の予定としてバイトや友達とディズニーランドに行くことにしていた。のちの同級生による調書読み上げでは11月に予定されていた修学旅行も「楽しみ」にしていたという。

そんな中で白石は《首吊り士》のアカウントからDMを送った。Gさんを白石宅に呼び出す。白石は、「お金を引っ張れそうにない」と判断したために、殺害を決意したという。一方で、Gさんは、白石の決意を知るはずもなく、殺害の同意も承諾もなかった。

犯行に際して、白石はGさんの首を絞めたが、Gさんは抵抗した。そのため、白石はGさんの首をさらに絞め続ける。こうしてGさんを失神させると、強制性交し、ロープでロフトに首を吊って殺害をした。これまでの犯行と同様に所持金数万円を奪っている。また犯行後に、白石は買い物にも出かけており、ドラッグストアでは焼きそば2個、チャック付きポリ袋を4袋、ペットシート2枚を購入。コンビニでは、にんにく43グラム（チューブ式）、チャック付きポリ袋、ペペロンチーノ、スモークチキンサラダ、チョコレート、防臭マスクを買っていたという。

心療内科に行きたがっていた

一方の弁護側は、Gさんの命を絶つほどの悩みは分からないとするものの、両親からの、自分と弟に対する扱いが違うという悩みがあったことを中心に主張した。内容は次の通りである。

9月26日、Gさんは高校を欠席。友人との間で「心療内科に行ってみたい」と言っており、翌日には学校を早退し、心療内科へ行った。しかし、未成年のため、受診を断られてしまう。

28日、担任と面談した。ここで、弟と自分に対する両親の扱い方が違うという悩みを話した。担任教師による調書では、どうやら中学の頃から学校に行きたくなかったようで、「弟が中学のときに不登校で、通信制の高校へ行っていたのに対し、自分は反対された」ことに不満があったとのこと。そのときはベランダから飛び降りることを考えたが、誰かから止められたことがあると話している。

こういった状況の中、Gさんは《首吊り士》をフォローした。《首吊り士》から「知識がない状態で自殺が未遂となると辛い思いをするからやめるか、必ず成功させたほうがいい」とDMが届く。やりとりを重ねて、最終的にGさんは、白石の元へ向かった。

【Gさん・被告人質問】金銭目的でなぜ高校生？

11月2日。この日はGさんへの犯行に関する被告人質問が行われた。

Gさんとやりとりをしていた時期、白石には《＿》《死にたい》《首吊り士》《終わりにしたい》等のTwitterアカウントがあった。Gさんに前述の通り《首吊り士》でDMを送っている。

白石　：（方法について）いくつかの提案をしました。ただ、方法は、最終的には首吊りにするようにしました。場所については、外の森とか、公園などをあげていました。最終的には、自分の部屋になるようにしました。首吊り以外の方法もあげました。

検察官：首吊りに誘導したのですか？

白石　：首吊りが一番苦しまないと言ったりしました。場所についても、外で吊ると、ほかの人に通報されてしまうと言いました。私の部屋に誘導しました。

これまで通り、相手に選択させていると錯覚させながら、自分の都合のよい方向に誘導する手口だ。また、検察官はGさんが高校生であったことに対して、「お金を持っていないとは思わないのか？」と聞いた。白石は「会うまではお金になるかどうか分からないので、とりあえず、会ってみようと思いました」と答えている。はたして、ただ単に楽観的なのか、それとも性欲がすでに優先順位の上位で、供述では隠していたのだろうか。

直接会って、アパートでGさんの話を聞く白石。しかし、悩みを深掘りしても、Gさんは自分のことを話さなかった。白石はヒモになれないと判断し、犯行へと移る。Gさんにお酒や薬を勧め、効果が出てきたことを確認して、玄関の鍵を閉め、背後から襲いかかった。検察官はその際に「声を出したか」を気にしていたようだった。たしかに、声を出していれば、白石は、「抵抗を明らかに認識できる状態」にあったことを示すことができる。しかし、Gさんは口を塞がれていたため、声を出せなかった。

Gさんへの犯行では、会ってから殺害するまでの時間も短い。Gさんは、9月30日の13時16分に、アパートの最寄り駅である小田急線・相武台前駅の改札を出ていたが、18時59分になると、白石が一人で自転車に乗る姿が防犯カメラで記録されている。犯行はその間に行われた。つまり、白石は会ってからわずか6時間のうちに犯行に及んだことになる。

白石なりの好意の解釈

この日、白石は弁護側の質問にもいくつか返答した。弁護人が質問したのは、捜査段階で供述していなかった内容について。Gさんを殺害しようとしたとき、格闘をしたというが、これは捜査段階では話していないことだったという。

弁護人：捜査段階のほうが記憶は鮮明だったのでは？

白石　：逮捕直後は、何がなんだか分からない段階でした。落ち着いてきたときの段階、証拠を見せられたときの段階と、記憶が違う。（中略）捜査段階で警察の質問に「格闘があったのか」という質問がなかった。

「格闘」、つまりは「被害者から抵抗」があったかについては、検察側も、再度質問している。そして、被害者全員が抵抗したことを確認した。つまり、それは同意も暗黙の承諾もなかったことを示している。

続いて、裁判員も質問した。

裁判員：Gさんはなんのために会いに来た？

白石　：Gさんは死ぬ、死にたい願望があったことを打ち明けていました。「一緒に死にましょう」あるいは「殺してあげる」となり、どちらかが「会いましょう」となりました。

裁判員：Twitterのデータを消去させた。Gさんをどう説得したのですか？

白石　：正直、消させた場面での詳しい記憶はありません。

証拠を消すためなら、ほかの被害者のデータも削除させるのではないか。Gさんだけ削除させたのは、一貫性がない。その真意はなんだったのか。白石が覚えていないのが、悔やまれる。

そして、次は裁判官の質問に。裁判官はGさんを口説くことについて疑念があったようだ。

裁判官：恋愛や依存、信用、信頼を持つほうが難しい。時間をかけようとは？

白石：私に好意を持つタイプではない、難しいなと思った。

裁判官：そんな状態で殺害できるのか？

白石：完全に推測ですが、（Gさんから）アルコールが検出されているのであれば、だるそうにしていたり、眠そうにしていたので襲いました。検出されていないのであれば、（お酒を）飲ませたものの、まだ脳内に回る前に襲ったということです。

裁判官は同じ高校生の被害者で、Bさんとの対応の違いについても質問する。

裁判官：Bさんのときは公園に立ち寄っています。しかし、Gさんとは立ち寄っていません。Gさんのほうが心の距離が近く感じたからということですが、そのことと、殺害の決め手の、「好意を感じなかった」というのは、逆な気がします。

白石：例え話になってしまいますが、出会い系サイトで初めて会ったときに、部屋に来る女性の中に、誘いにつられてついて来る子がいます。でも、誘っても信用しないので部屋に来ない子もいます。Bさんは暗いけれど、誘ってもすぐにはついて来ない子です。でも、Gさんは暗いけど、誘うと断れずになんとなくついて来る子でした。

出会い系サイトやマッチングアプリ、ネットナンパの経験があれば、この白石の証言は納得がいくのだろう。私もネットナンパ師たちの取材を行っていたことで、なんとなくではあるが、理解できた。ただ、未経験の人にすれば、体感的に理解できないかもしれない。

3-3　10月の犯行に関する審理

【Hさん・冒頭陳述と証拠調べ】２つのアカウントでやりとり

11月10日。ここからは最後の組の審理に入った。最初はHさんの審理から。検察側の冒頭陳述は次の通りであった。

Hさんは当時25歳。検察側によると、両親と兄との４人暮らし。高校中退後に引きこもり、２０１７年４月からコンビニでアルバイトを始めていた。Twitter のアカウントを開設したのは13年10月15日。17年10月２日までは主にゲームに関するツイートだった。

10月16日から、Hさんは例えば、「死にたい」「#自殺募集」といった自殺に関連するツイートをするようになる。17日の13時7分には「25歳女、神奈川に住んでいます、死にたい。疲れた。#自殺募集」と投稿していた。18日の未明には「そして、また朝が来た。寝たましねたらいいのに！」ともつぶやいている。

こうしたツイートを見て、白石は《終わりにしたい》で、「初めまして。私も神奈川県に住んでいます。一緒に死にませんか?」とDMを送信した。「薬を飲んで、首を吊って、意識を飛ばす方法はどうでしょうか?」とも送っていた。

さらに、白石は同時に《首吊り士》でもDMを送った。しかし、《首吊り士》でのやりとりはのちに再開するものの、このタイミングではすぐに終了。《終わりにしたい》とのやりとりは続き、Hさんと白石は、18日に会う約束した。

終わりにしたい：明日はどうでしょうか?

Hさん　　：18時以降から大丈夫です。

終わりにしたい：場所は?　Hさんの部屋と、私の部屋と、どちらがいいですか?

Hさん　　：一人暮らしではないので、私の部屋は無理です。

その後、HさんはTwitterに「幸せそうな人を見ると、死にたくなる。私だって子どもがほしかった」ともツイートしている。また、《首吊り士》とのやりとりもすぐ再開。「もし相手方と連絡が取れなくなったら私がお役に立ちます」と白石はDMした。《首吊り士》でのやりとりは白石にとって保険だったのだろうか。

待ち合わせ場所は小田急線・相模大野駅の改札を出たドラッグストアだった。そこから再び、改札を通り、相武台前駅まで移動して、18時34分にHさんと白石は改札を出場した。一緒に白石のアパートへ向かう。18時38分には、黒のパーカを着た白石と白の服を着たHさんが2人で歩いている姿が防犯カメラに映っていた。

白石は、Hさんに対して「お金になりそうにない」と判断。強制性交して殺害、所持品を奪う計画に移行した。同日夜、いきなりHさんの胸を触り、馬乗りになって首を絞める。Hさんは抵抗したが、失神。白石は強制性交し、失神させたまま、Hさんの首をロープでロフトに吊るして、死亡させた。奪った所持金は数百円。翌19日には、コンビニでチキンサラダ、ペペロンチーノと、新聞4紙（読売新聞、東京新聞、朝日新聞、毎日新聞）を購入した。

白石の元へ行った理由

続いて、弁護側の冒頭陳述。最初に弁護人は事件の見解を述べた。

「この事件はとても難しい。しかし、構造は至ってシンプルです。被害者は死を望んでいた。白石さんの部屋へ行った。死の結果となったのです。希死念慮が出発点です。これがなければ、白石さんのところへ行かないはずです。希死念慮が強かったことをアピールしているのではありません。全体として、殺害を承諾しているかどうかです。なぜ白石さんのところへ行ったのでしょうか？　死を実現するためです。一時的な家出ではないのです」

こうして、その根拠となるHさんの背景を説明した。内容は次の通りである。

Hさんは中学2年でいじめに遭い、不登校になった。高校3年生で自主退学をすると、その後はひきこもり状態に。一方、17年4月にはコンビニでアルバイトを始める。性格は引っ込み思案で人見知り。おしゃれに興味がなく、服は、母親が購入するときに一緒に通販で購入していた。

10月16日になると、Hさんは自殺願望があることをツイートした。17日にはTwitterで「#自殺募集」のつぶやきもツイート。白石のアパートでは、自分の意思でデパスを飲み、Aさんが残した薬に興味を示した。弁護側は飲まされたわけではないと主張した。

【Hさん・被告人質問】「遊びに来たという感じ」

11月11日、被告人質問。今回も検察側の質問から始まる。

検察官：すでに7人を殺害しているが、もうやめようとは思わなかった？

白石　：当時のことを正直に話すと、昏睡（失神）状態の女性への性行為に快感を覚えていましたので、やめようとは思いませんでした。

白石の犯行はGさん殺害からHさん殺害まで18日間空いていた。その間、10月4日に猫砂を、5日にはクーラーボックスやハサミを購入した記録がある。さらに、3〜4人の相手とDMで連絡も。Hさんはその1人だった。ちなみに、《終わりにしたい》のアカウントは、9月18日に開設。Dさんを殺害した後になる。

検察官：《終わりにしたい》のコンセプトは？

白石　：自殺をしたい、あるいは、一緒に自殺しましょう、というもの。

検察官：《　》と同じものを？

白石　：《　》は日常的な不満をつぶやいたのですが、《終わりにしたい》は、直接、死にたいとつぶやいていたんです。

白石は、最後の6つ目のアカウント《ｓｌｅｅｐ》も開設し、自殺募集に関するツイートをしている。コンセプトは《死にたい》や《終わりにしたい》と同様に、自ら希死念慮を吐露する（しているように見せる）ものだ。

10月17日、白石はHさんに「死のうと思い、病院を回って精神安定剤を大量に入手しました」とDMを送る。もちろん、白石は実際にそうした行動は取っていないが、会えそうな気がしたという。場所の提案をすると、最終的にHさんが白石のアパートを選択した。

部屋に着いてから、Hさんから自殺の話は出ていない。向かうときには「一緒に死にましょう」と白石に言っていたともとれるが、反面、アパートに着いて自殺への恐怖がわいてきたことで、殺害を承諾していたため話題にしなかったとの解釈もできる。話をそらすため

検察官：Hさんはどんな感じでしたか？

白石：シンプルに言えば、遊びに来たという感じです。寂しい、疲れた、死にたいとつぶやく人には、出会い目的の人もいます。Hさんは、出会いが目的なのではと推察します。性的なツイートをしていましたからすぐに死にます、という感じではなかった。それ以外は、とても無邪気な感じで、発言が子どもっぽい。悩みを聞いて、『そうなんだ』と聞いていました。不安そうになったので、『安定剤を飲めば？気持ちが楽になるよ』と提案しました。その後、お酒や薬が効いてきたので、襲っています。

これまでの供述からも垣間見えるが、白石はネットナンパやスカウトの経験から、どのような会話をすれば、女性と親しくなれるのかを熟知していた。

明確な記憶はない

白石は、それぞれの犯行を個別の事件としては記憶していなかった。どちらかというと、

9人殺害を全体の流れとして把握しているようだった。

白石　：個別には覚えていない。全体の記憶として。Hさんに関する明確な記憶は忘れてしまいました。

検察官：記憶にある部分では、襲いかかる前に悩みを聞いていた？

白石　：いつもそうしているから。

ただし、忘れた部分もあるが、記憶している部分もある。白石は毎回、殺害した人たちから「お金を引っ張ることができるか」を見極めていたが、Hさんに関しては「私に好意があるかどうかを確認しました。好意の面ではいけそうでした。口説けば口説けそうでした」とも証言している。

ただ、話をした上でHさんに対しては「収入はなさそうでした」と白石は判断。そのため、お酒と薬が効いている中で、胸部を触り、馬乗りで首を絞めて失神させると、強制性交することにシフトした。飲ませた薬はデパスで、これは白石が精神科に通院していたときに処方されたものだったという。

では、強制性交後はどうしたのか？　検察官の質問に、白石は詳しく答える。

「手足を縛り、口や鼻にガムテープをして、ロフトに結んだロープで首を吊りました。ズボンは、レイプするときに脱がせて、（体を）ぶら下げるときにははかせている。失禁するので、飛散を防ぐためです。首にロープをかけるときタオルを使用したのですが、縄と顎の喉側（の間）に詰めました。これは死因を不明にするためです。科学捜査で判明するのかは分からないですが」

こうして白石はHさんを力ずくで、引っ張ったという。Hさんの首を吊った状態で解体の準備を始める。

「吊って数十秒後に失禁しました。30分から1時間後に死亡確認をしました。Hさんの上着は吊った後に着させていたのですが、後でハサミで切りました。そのため、吊っている状態のときには前が開いていました。死亡確認後、浴槽に引きずって、腰をヘリにひっかけ、うつ伏せ状態にして、首を包丁で切り、骨をのこぎりで切り、首を落としました。これまでと同じです」

遺体解体中にはコンビニへ行き、ペペロンチーノを買った。これは白石の食事だ。新聞4紙も購入しているが、これは「遺体の一部を包んで捨てるため」だという。

審理ではこれまでと同様に裁判官からも質問が出た。その内容はHさんとほかの被害者の犯行態様とその記憶の違いについて。

裁判官：首吊りの状態は覚えていますか？

白石：被害者の中では覚えているほうです。ぶら下げて、上着をはいで、見ていたのを記憶しています。首絞めの部分は記憶が薄れています。

別の裁判官：殴った人もいますか？

白石：Aさん、Bさん、Cさん、縛った人以外は、どなたかを殴っています。

別の裁判官：出会った人で、この人は殺害をやめよう、というのもありましたか？

白石：男性。女性でも練炭自殺にかかわった人、（自殺を）希望するのに途中でやめそうな人。首吊りで説得してだめな人です。

【Iさん・冒頭陳述】写真を撮影した

11月10日からは最後の被害者であるIさんの審理も始まっていた。当時は23歳。検察側の冒頭陳述は次のような内容であった。

２０１４年、Iさんは統合失調症の診断を受けた。17年6月には母親を亡くす。9月からは生活保護を受給して、兄に支えられながら一人暮らしをしていた。ただ、その9月下旬にIさんはTwitterで「死にたい」と投稿する。すると、白石の《死にたい》から「一緒に死にませんか?」とのDMが届いた。

このDMに10月2日、Iさんは返信をする。一緒に首吊りをして死ぬ約束をした。どうやら、白石は《死にたい》だけでなく、《―》や《首吊り士》も使って、IさんとDMしていたようだった。Iさんは10月23日に《死にたい》とDMをし、改めて2人はJR八王子駅で会う約束をした。このとき白石は、Iさんと合流する前から殺意を抱いていたという。

23日、約束通り2人は八王子駅で合流する。そこから小田急線・相武台前駅まで移動すると、駅の改札を出て、白石のアパートへ向かった。

部屋に着いたところで、2人はしばらくの間、話をしていた。しかし、白石はいきなり胸を触り、馬乗りになって、首を絞める。Iさんは抵抗をするものの、失神。白石は強制性交をして、その後に失神したIさんの首をロフトにかけたロープで吊って殺害した。白石は、Iさんの容姿が好みだったために、胸などの写真を2枚、撮影しており、死亡後も性交を行ったという。奪った所持金は数百円だった。

会いに行ってもブレーキにはならない

続いて、弁護側の冒頭陳述に移る。

Iさんは1人で白石のアパートへ行っていた。ある人が、死ぬ目的で約束をした人のところへ行く。これはどういうことを意味するのか。弁護側は、死という結果に向かって「アクセルになることはあっても、ブレーキになる事情はない」と、殺害の承諾があったと主張した。次の内容はその主張を補強するための陳述である。

幼少期、Iさんは引っ越しを繰り返していた。両親は離婚。生活保護を受けながら、母親と兄との3人で生活をしていた。中学3年の頃になると、Iさんは不登校に。兄の調書によれば、どうやら離婚の原因は父親のＤＶがひどく、中学のときはいじめにも遭っていたという。高校には進学したが、20歳で統合失調症の診断を受けた。２０１7年2月には、母と2人で生活をするようになったが、6月に母親が死亡。一人暮らしを経て、9月からはグループホームで生活するようになり、通院をしながら投薬治療も受けていた。

Iさんは、兄以外の他人とはうまく会話ができないでいたという。特に男性が苦手で、対人関係はほとんど緊張してしまう。母親が亡くなった後は、ますます孤独感や寂しさが増していた。そんな中、9月20日にTwitterに「死にたい」と投稿する。

このとき、《―》と《死にたい》をフォローした。9月22日になると、《死にたい》からＤＭが届く。すぐに返事はしなかったが、10月2日に《死にたい》に返信をした。薬とお酒を飲み、首を吊って、殺されることを希望。23日には、再びIさんから《死にたい》に「本日、希望です。手元に千円しかありません」とDMをした。その後、Iさんは白石と合流。自分で薬と酒を飲んだ。白石は強制していないという。

【Iさん・検察側証拠調べ】都合のよい方向へ

Iさんが Twitter のアカウントを開設したのは9月20日である。それから白石のアカウントである《＿》と80数回、《首吊り士》と40数回《死にたい》と104回のやりとりをしていた。検察側が示したやりとりの一部を次に挙げる。

●9月20日

Iさん　：#自殺募集　死にたいけど一人だと怖い。だれか一緒に死んでくれる方いましたらdmください。こちら23の東京です。車のある方だと嬉しいです。

●9月22日

死にたい：フォローしていただきありがとうございます。まだ一緒に死ぬ相手をお探しでしょうか、見つかりましたか。

Iさん　：《死にたい》さんは、どこにお住まいですか?

死にたい：都内です。……練炭もありますが、睡眠薬で眠ってから、苦しまずに楽に死ぬには、首吊りはどうでしょうか？

Iさん：首吊りは怖いです。練炭を希望します。

死にたい：練炭は怖いですね。最近でも練炭自殺がニュースになりました。皆で集まって死のうとして、死ねずに逮捕された人もいる。脳に重い後遺症が残る人もいる。

Iさん：練炭の後遺症は怖い。やっぱり、首吊りですかねー。

死にたい：今日の今すぐにでも。

Iさん：覚悟が決まったら連絡します。

この後、いくつかのやりとりをすると、一度、連絡は途絶えた。やりとりが再開したのは10月2日である。ただ、Ｉさんに自殺に対して躊躇《ためら》いの気持ちができたのか、また連絡は途絶えた。次にやりとりがあったのは、10月23日だ。

●10月23日

Iさん：（《死にたい》にＤＭ）本日希望です。八王子駅がいいです。

死にたい：本日の昼で。

Iさん：手元に千円程度しかありません。こちらで準備するものは何かありますか。

死にたい：いいえ、こちらで全部準備します。

（中略）

Ｉさん　：しつこくてすみません。《死にたい》さんの自殺募集のきっかけをおしえてくれませんか？

死にたい：高校生のとき、死にたい思いが強くなり、自殺しようとして未遂に終わりました。社会に出てからは、人間関係で悩みました。

これまで通り、相手に寄り添う姿勢ながらも、自分の都合のよい方向へと話を進める白石。こうして２人は10月23日に会うことになった。

一方の弁護側は、Ｉさんが白石以外にもTwitterで一緒に死のうとやりとりしていた相手がいたとして、そのメッセージを提示した。

【Ｉさん・被告人質問】白石は出会い目的と判断

11月24日、各犯行に関する最後の被告人質問。この日も検察官からの質問で始まった。

前述の通り、白石はＩさんに最初のＤＭを送ると、今までの犯行と同じように、相手に選ばせていると錯覚させせながら、自分の都合のよい方向へと、Ｉさんを誘導した。

一方で、Ｉさんへの犯行ではそれまでの犯行にはないことがあった。ＩさんだけがＪＲ八王子駅と、最寄り駅から遠い駅を待ち合わせ場所にしている。犯行のパターンが変わった。たび重なる犯行にも警察の捜査が及ばないことが、白石のさらなる油断を呼んだのだろうか。

このとき、白石は待ち合わせの時間も変更している。最初は「10時30分過ぎ」だったのが、「12時から13時」に。どうやら、これはＨさん殺害後で、刃物や道具、猫砂、ペットシートを片付けていたためだという。Ｈさんの殺害は10月18日で5日ほど経過していたが、それから解体や遺棄に時間がかかっていたということだろう。

白石の見立てては、Ｉさんが会いに来る理由として「Ｉさんは出会いを期待している」というものだった。たしかに、自殺を考えてインターネット上で知り合った相手とは、一緒に死にたいという思いの反面、感情的な交流をしたいという欲求もある。少なくとも、自殺サイトやＳＮＳ上で「自殺」をキーワードに繋がる関係を取材してきた私の感覚としては、そういう欲求があるのは理解できる。

ただ、白石がやや勘違いをしているように思えるのは、自殺を希望するのではなく、出会いの期待値が高いとした点だ。主観にはなってしまうが、私がこれまでに話を聞いてきた中では、やはり最初の目的は「自殺すること」である関係が多かったように思う。のちに裁判官も、関連する質問をしていた。

裁判官：自殺する、死ぬという目的で会って、これが単なる出会い目的で会うことと、どこが違うのですか？

白石　：正直、すごく難しいと思います。死ぬ目的で会ったとしても、違うということは実際にありました。風俗のスカウトをしている頃、多くの女性と出会っている中で、スカウト目的だったのが、女性と付き合うという、違った目的に着地したことも。

写真を撮った理由

Ｉさんと顔を合わせた白石は、「外見がかわいらしい。顔やスタイルもいい」と思った。好みだったようである。被告人質問では「交際することも考えていた」旨も供述していた。ただ、それでも白石が犯行の手を止めることはなかった。

白石　：薬が効いてきて、だるそうになって……襲いました。

検察官：どのように？

白石　：入口の鍵とチェーンをかけ、部屋のドアを閉めて、背後から襲いました。

検察官：その後は？

白石　：右手で胸を触りました。

検察官：反応は？

白石　：覚えていません。手を首に回して、引き倒しました。馬乗りになって、何かしらの反応があって、手で首をつかんで……。

検察官：その後は、どうしました？

白石　：右手で首を絞めながら、左手で口を塞ぎ……首をねじって、失神させました。

こうして、楽しそうに話をしていた中で白石はIさんを襲った。Iさんが失神すると、強制性交を始める。そこに合意はない。のちの弁護人からの「殺さず交際することは考えませんでしたか？」という質問に、白石は次の通りに答えている。

「正直申し上げると、それは考えました。Iさんと話をする中、口説いていて、外見がよかったので、付き合いたいなぁと思いました。でも、レイプしたいなぁと……」

付き合いたいと思っていたにもかかわらず、強制性交へと踏み込んだ白石。Bさんへの犯行以降、失神中の女性を強制性交することに目覚めた白石は、もはや、性欲に支配されていたのかもしれない。

こうしてIさんに関する陳述や被告人質問も終了し、被害者全員の審理が終わった。

【事件全般・被告人質問】父への自殺アピール

11月24日からは事件全体を通しての被告人質問も始まった。これまでとは異なり、質問は弁護側から始まる。

アパートに住む前、白石は父親と2人で生活を送っていたが、父親に対して、「自殺する」かのような言動を繰り返していた。その理由は、犯行の目的とほぼ同じで「父親からお金を引っ張るため」。高校生のときの体験がきっかけだった。

白石：「死にたい」「働いていく自信がない」と言ったり。父が家にいることを知っていて、ロープを横に置いて寝たりしました。ロープをベランダのつり革から首にかけたり。父が来ると思って、心配させました。

弁護人：なぜそんなことをしたのか。

白石：高校生のとき、父の態度が軟化したことがあったのです。それでお金を引っ張れることがありました。高校生のときと似たような発言をし、「死にたい」ふりをしたところ、お小遣いを引っ張れたことがあったのです。

弁護人：お金の話をしなくても？

白石　：お金の話をしないともらえません。

白石は（2017年の）6月10日付で「家族や病院の方へ」と題した〝遺書〟も書いている。最初の日付から次は「7月9日」に変わり、「9日」を消されて「10日」に。「10日」の後には「午前1時」と付け加えられている。

中には「意識不明になったら治療をせずに殺してください」「未遂となったら殺してください」「今日こそ、自殺するので殺してください」などと書かれていた。ただ、死ぬつもりで書いたものではもちろんない。父親からお金を引っ張るための小細工だ。自分が精神的に弱っているアピールをして、自殺しかねない状態に見せて、父親にお金を無心したのだった。このときも父親は態度を軟化させた。

遺体のある生活

被告人質問では、犯行時の白石の生活についても聞かれた。白石は事件当初から逮捕されるまで、遺体とともに生活している。はたして、どんな心境で過ごしていたのだろうか。

弁護人：お風呂やトイレはどうしていたのですか？

白石　：遺体がユニットバス（UB）にあるときは、UBをきれいにしてシャワーを浴びました。トイレは遺体がある状態で済ませました。

弁護人：部屋にいるときはどんな心境でしたか？

白石　：遺体を処分するしかないと思っていました。後は、やりとりしている女性がお金になりそうか。会ってみようかなどと考えていました。

弁護人：被害者のことは考えましたか？

白石　：遺体のことを考えたことはありましたが、気持ちを考えたことはありません。

弁護人：部屋の臭いは気になりませんでしたか？

白石　：そのために消臭剤や消臭スプレーを買いました。

解体は、最初はなかなかうまくいかないが、繰り返す中で慣れ始める。例えば、首を切断した後、頭部は塩漬けし、猫砂が入ったクーラーボックスに入れていた。

部屋で遺体を解体しながら、そのアパートで生活をする。日常の中に遺体がある。そんな状況下で白石は睡眠も食事もとっていた。そんな場所で快適に生活できるとは到底考えられないが、弁護人の「休まりましたか？」との質問に、白石は「はい」と答えた。

【母親の調書読み上げ】虫も殺せなかった

同日には白石の母親による供述調書も検察側から読み上げられている。長い間、ともに生活してきた母親が語る白石の過去。どんな子ども時代を過ごしていたのだろうか。ここでは、調書を要約して、取り上げる。

白石は1990年10月9日に誕生した。出生時の体重は3086グラム。母親の子育ての方針は、過度な干渉はせず、自由に物事を考えられるように。言うことを聞かないことがあっても、手を上げるようなことはしなかったという。初めての子育てに母親は調書の中で「幸せに暮らしていました」と話している。

幼稚園に入ったのは5歳のとき。内気な性格だったものの、友達はできたようで、サッカークラブにも入っている。ただ、ボールを自分に回してもらえなかったとの理由で、続いたのは1年ほど。いじめがあったわけではなく、病気で休むこともなかったという。

小学校に入ると、入学時に買ってもらったテレビゲームに熱中するようになった。当時は1日2時間との約束があったようだが、破ってしまうことも多く、何度も母親からは注意を受けていた。クリスマスや誕生日のプレゼントもゲームで、本当に好きだったそうだ。だからといってゲーム一辺倒の生活だったわけでもなく、外で遊んだり、習字を習ったり、学校でのできごとを母親に話したりもしていた。

中学では野球部に所属した。ただ、1年ほどで退部したようだった。その後は、学習塾に入塾。こちらも1年ほどでやめてしまい、中学3年生のときの成績は、塾にいたときは中の上だったのが、やめた後は下位になったと、母親は調書の中で回想している。

また、中学3年生の頃には、「学校に行きたくない」「気が強い人ばかりなので、合わない」などと話すようになり、最終的に不登校に。食事のとき以外は部屋に閉じこもるようになったという。当時、白石の妹は中学で吹奏楽部に所属しており、家族は妹中心で回っていた。兄妹の会話も少なかったと母親は振り返っている。

高校は就職に有利な学校を選択した。ただ学校生活は楽しくなかったようで、「高校はレベルが低い」「クラスメイトがだらだらしているからつまらない」と言って、塾をやめたことを後悔していた。家では、ゲームをよくやっており、部屋は散らかりっぱなし。そこで、両親はゲームの時間制限と部屋の掃除を約束させたが、何度言っても聞かないことがあったという。そうした際はブレーカーを落としてゲームをやめさせるが、それに対して部屋の壁に穴をあけるほど、激昂したこともあった。家族と白石の会話はなくなっていく。

卒業までには家出を3回もしている。当時はケータイで自殺サイトを閲覧していたようで、

「どうでもいい」「生きていてもしょうがない」とも話していた白石を見て、母親は家出の目的を「自殺」だったのでは？　と考えた。不穏な言葉を発する白石を「そんなことをしたらだめだよ。生きてさえいれば、いいことはあるよ」と母親は励ましてもいる。ただ、自殺未遂や自傷行為はしているところを見たことがなかったそうだ。

父親との関係は母親から見ても、年を経るにつれて悪化していったようだった。小さい頃には、バイクに乗せて遠出したこともあったようだが、白石がゲームの時間を守らないと、真面目な性格の父親は強く叱責。一方で、白石も約束はあまり守らず、自分のやりたいことを優先していたという。

力を振るったことはなく、嫌いな虫を殺すこともできなかった白石。そんな白石を近くで見てきた母親の調書には「このような事件を起こすとは信じられない」とあり、最後は「被害者やご遺族の方には謝っても謝り切れない」という言葉で締めくくられていた。

【最後の被告人質問】同じことをされたら

11月25日、白石に対する最後の被告人質問が始まった。この日までの審理で、事件の詳細は明らかになりつつあった。直接の動機は「お金」か「セックス」。ただ、わずか2カ月間で9人を殺害できた白石の残虐性を醸成した背景が分からない。白石は死刑になっても控訴しないことを表明していた。

弁護人：Aさんはほかの人よりも過ごした時間が長い。楽しかった思い出は？

白石　：不動産屋巡りで手を繋いで歩きました。落ち着いた幸せな時期でした。

弁護人：生きる方向に向けるには苦労しましたか？

白石　：普通に異性として接していました。口説きがうまくいき、Aさんのほうからホテルへ行こうと誘ってくれました。希死念慮を消滅させるのは楽でした。

Aさんから順番に弁護人は質問を投げかけていく。しかし、Dさんの質問に入ると、白石は「これまでに話した通りです」と言葉が少なくなり、Eさん以降は黙秘した。弁護人の質問には拒否的な態度をとってきたことを思い出したかのようだった。ただ、弁護側の質問の終わりが迫る中、次の質問には回答した。

弁護人：望んでいることはなんですか？

白石　：私の親族に多大な迷惑をかけることは分かっていました。公判前整理手続のとき、できるだけ簡単に終わらせてほしいと言いました。配慮してほしかったです。できるだけ報道されないようにも。その上で、一部の被害者に謝罪したかった。

続いて、検察側の質問に移る。最初に今の心境を聞かれた白石。昨日の母親の調書を聞いて「今はそのことで頭の中はざわついています。本当に迷惑をかけたんだなと思いました」と答えた。

弁護人と同様に被害者や遺族に関する質問を検察官は白石に投げかける。

検察官：一部の被害者や遺族にはなんの考えもないと言っていましたが、本心ですか？

白石　：本心です。

検察官：後悔しているというのは誰に対してですか？

白石　：Aさん、Eさん、Fさん。Hさんです。

検察官：Hさん？

白石　：あ、Iさんです。

検察官：自分の母親や妹さんが殺害されたら？　と想像したことがありますか？

白石　：同じことをされたら、殺した人間を執拗《しつよう》に追い詰めて殺しに行くと思います。

検察官：きちんと遺族に謝罪していない？

白石　：一部の人にはしっかりと謝罪をしたかったです。

検察官：じゃあ、今、謝罪してください。

白石 ‥私が起こした行動により命を奪ってしまい、本当に申しわけございませんでした。大人しく罪を認め、罰を受けます。以上です。

こうして、約2カ月にもわたる裁判は終わりを迎えた。

犯行の詳細が明らかになった一方で、傍聴した私は腑に落ちない点があった。白石の過去からは、その残虐性を醸成した背景は見えてこない。一体、何が原因でここまで残酷な犯行に至ったのか。不気味なまでの〝平凡さ〟に、私は誰しもの中に同じ犯行に至る狂気が潜んでいる可能性すら思い浮かべた。別の可能性としては、白石は意図的に〝真の背景〟を隠したかったのかもしれない。そうならば、白石の〝作戦〟は成功だった。そう思わざるを得なかった。

第四章　10人目に憧れた女性

―「死にたい」とつぶやく理由―

4-1　若者の自殺の現状

増える若年層の自殺

日本の自殺者数は1998年に3万人台に突入したものの、そこから徐々に数を減らし、2012年以降は2万人台となっている。こうした推移となったのは、バブル経済の崩壊によって中高年の男性の自殺が特に増加したが、その後の「借金の総量規制」や「自殺対策基本法の制定」によって、その年代の自殺者数が減少したのが一因だろう。20年に自殺者の総数は2万1081人となり、前年に比べて増加しているものの、統計をとり始めて以来、最低の水準となっている。

一方で、若年層の自殺者に目を向けると、その数は減っていない。20年は自殺した「学生・生徒等」の人数は、1039人と平成に入ってから過去最多に。そのうち小中高生は499人で、こちらも職業別の自殺統計を開始してから最多となった。同年はコロナ禍であり、それが子どものメンタルヘルスに影響し、自殺者数が増えたと推測することはできるだろう。

しかし、10代の自殺死亡率（10万人あたりの自殺者数）自体は少なくとも30年前から増加傾向にある。座間事件があった17年は、90年と比較すると、「10～14歳」の自殺死亡率は約3倍、「15～19歳」は約2倍となっていた。19歳以下の総人口が減り続けるなか、自殺者数はいっこうに変わらないのである。

なぜ、若い世代の自殺は減らないのだろうか。その1つの原因は、自殺の理由について詳細な調査をしていないことだ。警察統計では10代の自殺の理由の最多は「不詳」である。また、文科省の調査でも「不明」が半数以上になっている。社会全体として、この国は若年層の自殺について「知りたい」わけではないのだ。だからこそ、効果的な対策のアイデアも出てこない。座間9人殺害事件が起きた背景には、こうした現実もあるのではないだろうか。

裁判で語られた被害者の状況を今一度、思い出してほしい。被害者たちは、白石のアパートに行くまでは拒否的な態度を見せていたわけではない。それも、白石とやりとりしていた一時期は、一緒に自殺をするか、殺されるかという意識を持っていた。それだけ、生への絶望を感じていたのである。社会はそんな被害者たちのＳＯＳを受け止めきれていなかった。

10人目になりたい

それでは、被害者たちと同じく希死念慮を持つ人は、この事件を知って何を思ったのだろうか。私は事件が発覚してから約1カ月後、アンケートを取ってみた。期間は2017年11月20日から18年3月1日まで。「死にたい」などとつぶやいた経験がある人を条件に、Googleのアンケートフォームを利用し、私のTwitterアカウントで回答を呼びかけた。すると、55人から回答があり、52人は有効なメールアドレスが記載されていた。

私は希死念慮をつぶやく理由等を聞いたが、最も興味深かったのは、最後の質問だった。「座間事件で思ったことは?」と聞くと、次のような回答が返ってきたのである。

- 1人で死ねない奴が付け込まれた事件が起きたと思った。
- 犯人は気持ち悪い。犯人の考えていることが想像できない。
- 殺されるくらいなら自分で死にたいな。
- 殺された人の代わりに死にたかった。
- 私が代わりになれていたら、ご本人やご親族が恐い思いをしたり、悲しむこともなかったと思った。
- 私も10人目として遺体で発見されたかった。
- 10人目になりたかった。

・私も死にたいと思った。

52人のうち実に24人が、被害者になることを望むような回答をした。もちろん、アンケートの母数自体は少なく、希死念慮を持つ人の一般的な反応であるとはいえない。アンケートのタイミングも、性暴力や無理矢理な殺害方法、殺害後の解体などが詳細には報道されていない初期段階である。それでも、約半数の人が「被害者の1人になりたい」と回答したことに、私は驚きを隠せなかった。さらに、私はアンケートと同じように「被害者になりたい」と思い、実際に白石とＤＭのやりとりをしたこともある女性、直美（仮名、21歳）にコンタクトをとることができた。次からは、直美が白石とどんなやりとりをしたのか、なぜ死にたいと思うのかなどを、直美の生い立ちも含めて伝えたい。

４‐２　白石とＤＭした女性の本音

手首を切って踏切へ

２０２０年8月20日。フリーターの直美は、Twitter にこうつぶやいた。

死ぬことに決めた
家帰ったらすぐに出て踏切行く

午後 0:15・2020 年 8 月 20 日

そして、約2時間後の14時30分頃、直美は埼玉県内の私鉄の踏切へ向かった。自傷行為として手首を切った上で、電車の前に飛び込み、死のうとした。

踏切に電車が迫る。しかし、間一髪のところで運転手が気づいて、電車は停止。直美の自殺は未遂となり、目撃者が呼んだ救急車によって病院に運ばれた。手首の傷は50針ほど縫ったという。11月13日まで措置入院となった。

ただ、これは直美の初めての自殺未遂ではなかった。彼女は過去に「数えられないほどの」自殺を試みてきていた。

直美はなぜ自殺を試みるようになったのか。それには、過去のいくつかの体験が強く影響している。

直美の背景

小学2、3年生の頃から、直美は女子にはトイレで水をかけられ、男子には殴られるようになった。なぜそのようなことをされるのか。直美に心当たりはない。幼かったからか、まだいじめだという自覚はなかった。一方で、学校に行けないときがあり、それを親には言えなかったという。地域の公立中学に進学してからも、小学校時代の同級生がいたことで、いじめられることが続き、この頃になって自分がされているのは「いじめ」だと気がついた。

さらに、中学生になってからは、家庭環境にも悩まされるようになる。

「父親はお酒を飲んでいるときは、すぐに首を絞めるんです。私の友達の首を絞めたこともあります。そのときは、さすがに警察に逮捕され、留置場に入ったこともあります」

アルコールを飲むことで問題行動（いわゆる問題飲酒）を起こす父親。もしかすると、アルコール依存症だったのかもしれない。だが、治療のために病院に行ったことはなかった。直美は、そんな家族の中には「居場所がない」とずっと感じていた。

家族に対する違和感は高校進学後も続く。「人生うまくいかない」。そんなことを思っていたとき、Facebookで知り合った自称〝30代の医師〟の男が悩みを聞いてくれた。2017年1月には、その男に呼び出されて秋葉原に行った。「公務員になりたい」と思っていた直美は、将来の話がしたかった。会話は楽しかった。しかし、〝30代の医師〟に「誰もいないところで話そう」「家に資料がある」などと言われ、男の自宅に向かうと、男性の態度が急変し、レイプされてしまう。

「ネットで知り合った最初の人で、信用していました。レイプには抵抗したんですが、無理でした。終わった後は1人で部屋の外に出て、震えていました」

直美は警察に被害を相談したが、加害者の検挙は難しかった。その後、病院では心的外傷後ストレス障害（PTSD）と診断。外出もできなくなった直美は、同年6月に高校を中退した。一方で、私が加害者に対して制裁を与えたいかどうか尋ねると、それには躊躇する。どうしても〝30代の医師〟にも仕事があり、家族や将来があると思ってしまうようだった。

白石とのDM

さらに、直美は新たな性的被害を受ける。2017年7月の夜、外で男に声をかけられると車内に連れ込まれて、レイプされてしまったのだ。相手は特定されたが、前回のときと同様に逮捕はされていない。直美は、この事件をきっかけに希死念慮が強まり、自殺を考えるようになる。彼女は9月11日に次のように Twitter でつぶやいた。

自殺って臓器移植?みたいなの適用できるのかなー?

すると、《死にたい》という アカウントを利用していた白石から「はい」という返信が届く。やりとりは9月12日からDMに移行。ここから直美と白石の交流が始まる。ちなみに、この翌日の9月13日に白石はDさんとやりとりを始めており、翌日から23日まではYさんがアパートに宿泊していた。犯行に自信がつき、手口が大胆になっていく頃である。

直美：おはようございます
死にたい：ご連絡ありがとうございます。神奈川に住んでおります。
直美：関東一緒ですね。
死にたい：自殺をお考えですか?
直美：はい
死にたい：一緒に死にますか?
直美：何歳ですか?
死にたい：22歳です。首吊りの道具と薬を用意してあります。

直美　：殺してもらえないですよね。首絞めて。
死にたい：本気で言ってるんですか？
直美　：首吊り2週間くらい前に失敗してなんかもー首吊りのやり方が失敗するとしか思えなくて。

このとき、直美は17歳だった。だからだろう。相手の年齢に合わせたほうがよいという供述の通り、白石は22歳と直美に伝えていた。

ギリギリで踏みとどまる

その後、二人のやりとりはカカオトークに移行する。このときの白石のアカウント名は《　》だった。

―：色々つらそうなので死にますか？
直美：首吊りで2回失敗してるから不安でしかたがないです。
―：結び方、緩衝材、高さ、薬、ちゃんと勉強すれば死ねます。
痛いし、苦しい、未遂になると追っている（思っている）人は勉強してないから楽に死ぬ方法が分かっていないだけです。

直美：実際に吊ってみて苦しかったらやめていいので試しに吊ってみますか？

――：あのー、本気で考えますか？

直美：本気です。安楽死出来るよう、勉強して、道具を揃えて私も吊りましたよ。

――：未遂ですか？

直美：言葉に語弊がありました。薬を飲まずに、意識がちゃんと飛ぶか確かめました。私の方法をまとめました。薬を飲み、効いてきたら首に緩衝材を巻き縄をかけ、立ち姿勢もしくは正座姿勢で、血流が止まりやすい位置を探します。顎のラインに沿うようにかけると本当に痛みなく血流が止まります。後は貧血症状が出てきて目の前が暗くなり、ふらふらする状態から意識が飛び死ぬだけです。

私が用意するので、責任持って安楽死させます。

しかし、翌日に《―》が「大丈夫ですか？」と送っても、直美は返信をせず、実際に会うことをやめた。それは、以前にFacebookで知り合った〝30代の医師〟の男のことが頭をよぎったからだ。

「レイプだけされて、殺されないかもしれないじゃないですか」

《死にたい》や《―》のアカウントの人物と会ったとしても、性暴力に遭うことを想像したのだ。こうして直美は白石の被害者となることはなかった。ただ、彼女は当時を振り返り、次のようにも話している。

「あの頃、自分でも『いつ、死のうかな?』と思っていました。もし、あのとき、電話をしていれば、信頼関係ができたかも。そうなったら、(白石のアパートへ)行っていたかもしれません。こんな事件になるのは嫌ですが、自分だけが殺されて、明るみにならずに終わっていればよかった」

3回目の性暴力に

ただ、直美はその後も別の性被害に遭ってしまう。事件があったのは2018年1月29日。友人の家で遊んで帰宅途中のことだった。自転車に乗っていると、草加市内で車を運転していた男に「道に迷った。コンビニに案内して」と声をかけられた。

「(相手の男は)酒臭かったです。店では、缶チューハイを買っていました。嫌な予感はしたんですが、どうせ家で飲むものだと思って、特に警戒はしませんでした」

コンビニに着いて買い物が終わると、男は「自転車を置いてきたところまで送っていく」と言って車を走らせる。ただ、方向が違った。

「左ですよ」。直美がそう言うと、男の態度が急に悪くなる。「帰さないぞ」と言って、止めることなく車を走らせた。直美は信号待ちのときに出ようとするが、ドアロックもかけられる。気がついたら、工場地帯の中にある倉庫まで連れてこられていた。暗くて、電灯もない。

「お酒を2口だけ飲まされました。その後、何回もキスされました。嫌がっていたのに、無理矢理に頭を近づけてきて、舌を口に入れられたんです。その後も抵抗ができませんでした」

駐車した車の中で、直美は避妊もなしでレイプされてしまった。犯行が終わると、男は急にしゃべらなくなった。

「男は、早く帰れ、的な態度になったんです。何も話していません。でも、前回の事件のときに、後悔もしていたので、車のナンバーを見なきゃと思ったんです。車種は分からなかったですが、黒い車で、『春日部』の白いナンバーでした」

車から降ろされると、直美はすぐに自転車の元に走った。このとき、男は「誰にもしゃべったらダメだよ」と言ったが、直美はすぐに110番通報をしてナンバーを告げた。

「最初に電話に出たのが男性警察官で、すごく厳しい口調でした。『言ってくれないと、分からないから』と。でも、すぐには思い出せなくて」

半日は警察署にいた。途中で話しやすい人が担当になり、後から女性警察官に代わってくれたという。産婦人科にも行って服から指紋も採取した。コンビニの防犯カメラも確認し、こうして捜査が始まった。ただ、直美の心には深い傷が残る。

「私は、すぐに真に受けるし、周囲から、人を信用しすぎると言われていますが、自分では分からないいんです。ただ、（男に）ついて行ったことは後悔しています」

事件後、過去の性被害と相まってフラッシュバックが起き、衝動的な自殺願望がわきあがるようになった。神社で首を吊ろうとして意識不明となり、朝、散歩している人に通報されたこともあったという。

「リスカが激しいときもありました。記憶があるときは、苦しいです。過呼吸もありました。相手の顔はうっすら覚えています。毎日のように、犯人の顔が頭に浮かびました。自殺未遂も何度もしましたが、記憶があるだけでも、数えきれません。何時間も泣いているときだってあります。解離して、いつの間にか、どこか知らない場所まで来ていることもありました」

犯人と似た人物に会うだけでフラッシュバックになる直美。後遺症に苦しむ中、事件から4カ月後の5月に、男は逮捕された。犯人は56歳の男性。ただ、事態は思わぬ方向に進む。

「警察からは『起訴されると思う』と言われていたのですが、結局、不起訴になったのです。理由は『無理やりやった証拠がない』というのです」

２０１７年６月、性犯罪に関する刑法が改正され、７月に施行された。これによって、「強姦罪」が「強制性交等罪」となった。性器挿入だけでなく、肛門性交や口腔性交も対象に。被害者が求めない限り提訴できない「親告罪」でもなくなった。ただ、それでも明らかな激しい抵抗をしていない場合は、成立させるのが難しい。というのも、「暴行又は脅迫を用いて」という文言が残されたままだからだ。

「(犯行の際は)前回の事件を思い出して、フラッシュバックして過呼吸になる手前で苦しいのを我慢して、ずっと泣いていたんです。このままだと殺されると思って、抵抗できませんでした。ずっと嫌だ、嫌だとは言っていたんですが」

たび重なる性被害に、不起訴となる犯人。直美に希死念慮がなくなることはなく、１年が経っても自殺未遂を繰り返した。誰かに殺してほしいという気持ちも消えない。

「(白石には拘置所から)また出てきてほしい。気持ちは以前と変わっていないです。亡くなった人も苦しんでいたのだと思います。だから承諾殺人でもいいんじゃない？　と思っています。(白石と)似たような人がいるなら殺してほしいです」

Twitterに吐露する理由

２０２０年に入ると、新型コロナウイルスも直美のストレスの原因となった。

「新型コロナで行動が制限されていて、息苦しかったんです。好きなときに外へ行けませんから。実は、20年6月にも自分で希望して精神科に入院をしました。あまりよく覚えていないんですが、すごくストレスを感じていました」

入院中は頭でガラスを割ったり、暴れたり、ボールペンを盗むような試し行動をしていたという。それでも、自殺に繋がる行動かどうかという視点で見れば、落ち着いていたようだった。しかし、退院した翌日には、もう死ぬことしか考えられなくなった。話を聞いた際にも直美は「ずっと死に場所を探しています」と言っていた。

実際に試みたのは5回ほどだったという。自宅には親がいるということで、ほかの場所がないかと外に出た。そして、20年8月4日、市内の公園で薬と酒を飲んで首を吊ろうとした。しかし、ロープが外れる。地面に横たわる直美。薬が効いていたのか、体がうまく動かない。すると、そこに見知らぬ男性が通りかかり、あろうことか、その男性にレイプされた。

「被害に気がついていたんですが、薬が効いていたので、体に力が入らず、抵抗できませんでした。次第に意識が途絶え、目が覚めたら朝でした。『またか』と思いました」

被害を訴えるために警察署へ向かった直美。取り調べでさまざまなことを思った。事情聴取には女性警察官が付き添ってくれたが、「もう無理だ」と絶望が押し寄せる。帰宅後、直美は遺書を書いた。すでにその遺書は捨てたが、内容は「性暴力を許さない」だった。このときに抱いていた思いが、冒頭の踏切での自殺未遂に繋がる。

「自殺を試みても、今の私では、絶対、死ねない。でも、本当は息苦しい。しんどいし、吐いてしまいます。その苦しい気持ちは Twitter で吐き出すようにして、自分の中で収めています」

厚生労働省は、座間事件後、Twitter でつぶやかれる「死にたい」というメッセージを受け止めようと、ＳＮＳ相談を始めた。ＬＩＮＥや Twitter などで窓口を設置し、相談者の話を聞く取り組みだ。しかし、直美はＬＩＮＥで相談をしたことがないという。

「言っても何も変わらないから。うまく言葉に出さないといけないし。もともと相談する相手もいないし、相談も下手なので」

誰に説明する必要もなく、自分の気持ちを自分にだけ分かる言葉で吐き出していいから、Twitter というツールは、直美にとって使いやすいのかもしれない。直美は20年10月にも

Twitterで「自殺募集」のつぶやきをした。

そんな直美に座間事件の裁判はどう映っていたのか。

「ニュースは入院中に見ました。やっと裁判が始まったんだなと思いました。〝私も殺されたかった〟という思いは今でも変わりません。殺害後、バラバラにされてもいいですよ。でも、レイプは、生きているときは嫌だな。でも会っていればよかったなあとも思い返します」

心境の変化

2021年8月、私は直美に久しぶりにコンタクトをとった。この年の4月、直美は冒頭の自殺未遂をした私鉄の鉄道の踏切に、再び飛び込みをした。6月にはこれまでと同じ病院に入院もしていたようだった。

ただ話してみると、これまでとは違う話を聞くことができた。どうやら、人にSOSを出すことができたらしい。直美は「性被害のたびに話を聞いてくれた警察官が話を聞いてくれました」と話してくれた。さらに、退院すると家族関係も安定し、精神的にも穏やかに過ごせているようだった。

「最初は、母親に『Twitterの人と関わるの?』と言われ、怒られたりしました。それに対して、私が黙っていたから、口喧嘩にはなりませんでした。今は、父親とは家にいる間、普通に過ごせるようになりました。直接、何かを言われたわけではないですが、母親と話し合ったんだと思うし、入院してほしくないと思ったんだと思います。母親は主治医と話をしてくれました。私が態度を変えたわけではないですが、態度の変化は嬉しいです」

直美の口から零れる前向きな言葉。もちろん、性暴力被害のトラウマが消えたわけではなく、今も幻聴に悩まされることはあるという。

「『てめぇ、消えろ』って男の人の声の幻聴が聞こえるんです。犯人の声っぽいです。フラッシュバックに似ているのかもしれません。そのとき、今もOD（オーバードーズ、過量服薬）をしないで何をしているんだろう? リスカも我慢して、うーん。とにかく布団にくるまっています。それでなんとかなります。周囲の人には、気分転換をしたらいいと言われますが、あ、最近は、髪の毛をピンクに染めました」

どうやら、自分なりにトラウマと付き合う方法を見つけたようだった。これまでとは違い、話す言葉の端々から少しずつ前を向いている様子がうかがえる。

白石とDMをしていた当時の自分について、今はどう感じているのかも聞いてみた。

「あのときは、闇にハマっていたからどうしようもなかったですね。あのときの自分はバカだったなあ。子どもでした。今は病院に通えています。つらいときには夜中でも病院に電話をして、看護師さんが電話に出てくれます。それに、警察の人にもSOSを出せるようになりました。幻聴が聞こえたときには、Twitterに『死にたい』と書くこともありますが、そこまで本気に思っていません。それに、ハッシュタグをつけたりはしないようになりました。それに、白石は、(性的な行為を)やってから(被害者を)殺しました。それは自分では嫌だなと思うようになりました」

今後、〝白石〟のような人物と繫がった場合は、違った反応になるのではないかと思える。時間が経ち、直美は変わったようだった。だが、自殺願望は波があるのが一般的だ。今後、直美を取り巻く人間関係や環境次第では大きく変化する可能性もある。それでも、最初に取材したときのテンションとあまり違いはないものの、徐々に直美は「生」に向いている気がした。

おわりに

下された判決

２０２０年12月15日、判決公判が東京地裁立川支部で開かれた。時間になると、矢野直邦裁判長に促され、白石被告が証言台の席につく。そして「主文は後回し」で、判決理由から読み上げられた。その瞬間、死刑判決の可能性は高まり、傍聴席には緊張感が漂った。

「白石被告は、ＳＮＳ上で自殺願望を表明するなど悩みを抱え、精神的に弱っていそうな女性を狙い、自分にも自殺願望があるかのように装うなどして言葉巧みに被害者らをだまして被告人方を誘い込み、悩みを聞くふりをするとともに、酒や薬を勧めて抵抗しにくい状態に陥れた後、突如襲い掛かり、手や腕で頸部を締め付けるなどして失神させた後、女性被害者に対しては強制性交もした後、ロープで首を吊って殺害している」

　裁判長はこのように指摘した上で、Aさん、Bさん、Cさんについては、自殺の意思はあったものの、途中で撤回しており、予告や前触れもなくいきなり襲われ、殺害されたとした。Dさん、Gさん、Hさん、Iさんの4人は、「(自ら命を絶つ行為の)タイミングは自分自身が最終的に決定することを予定しているはず」と、殺人の承諾はしていないとした。

　Eさんはあたかも承諾しているように見えるが、元夫とのやりとりをしていたことで、白石が「このままだと帰ってしまうのではないか」と思い、自らの都合で承諾などなく殺害したとした。Fさんは、「恐怖心等を伴う方法で失神させ、強制性交までした上で殺害するという(のは)想定とはかけ離れていた」として、やはり、殺害の承諾を認めなかった。つまり、9人全員の殺害の承諾は否定されたことになる。

　その上で、「計画性があり、狡猾、巧妙かつ卑劣で、自己の欲望等のみを目的とした強盗・強制性交等殺人ないし強盗殺人という重大犯罪を約2カ月の間に9回も重ねていた」「犯罪史上稀にみる悪質な犯行」「被害者らが、SNS上に自殺願望を表明するなどしていた未成年者を含む若年者であったこともあり、SNSの利用が当たり前となっている社会に大きな衝撃や不安感を与えた」として、最終的に裁判長は「死刑」を言い渡した。白石は動揺もせずに聞いており、「ほかに何か言うことは?」と聞かれると、「ありません」とだけ答えた。

白石に関心を持った傍聴人

精神鑑定では、責任能力に欠けた精神状態ではなく、なんらかの精神疾患があったわけでもないことが明らかにされていた。さらに裁判で明らかになった白石の生い立ちについても、特に暴力性に関わるエピソードはなかった。ならば、白石は、私たちの日常の延長上に存在したことになるのではないか。判決を聞いても私は、白石の行動やその背景に納得できないでいた。ただ、それは、私たちの日常の先に白石に宿る狂気が存在してほしくなく、安心したいだけの心理なのかもしれない。

そう思いながら法廷を出ると、外には結果を知った傍聴人(や傍聴希望者)がいた。被害者の気持ちに寄り添っている人。白石の心情を想像する人。傍聴人の様子はさまざまだが、どちらの立場の人もなぜか泣いていたのが印象的だった。

ある1人の傍聴人に裁判も含めて事件の感想を聞いてみる。答えてくれたのはフリーターのOさん(20代)だ。

Oさんは、7回抽選に足を運び、5回傍聴した。当初は「どうせスカウトの事件でしょ?」と思っていたが、傍聴で白石の話を聞くたびに引き込まれたという。

「私も、鍵付きのTwitterアカウントで、『死んでもいいわ』くらいはつぶやいたことがあります。普段のつぶやきは、『死にたい』とかじゃないんですが、大学の卒業が延期となり、ずっと家にいました。卒業できず意味があるのか、『死んでもよくねえ』と思ったんです」

もし、白石もしくは白石のような人から連絡があったとき、Oさんは誘いに乗って、アパートまで行っただろうか?

「座間までわざわざ行くのかな? でも、家からは遠いので、めんどくさいので行かないと思います。それに、Twitterでの会話を見ても、あの時点の白石は好きじゃない。事件後にいろいろ調べたり、裁判傍聴をして気になったんです」

だからこそ、一度白石に会ってみたかったようだ。実現はしなかったが、白石との面会もOさんは希望していた。

「気になって、白石が住んでいたアパートを見に行ったことがあります。もちろん、被害者と同じ視点で見たわけではないです。ただ、私も、殺害されなかった女性の1人になりたいと思いましたよ。関わってみたかったです。でも、遊びに行ったら、クーラーボックスに入っている遺体を見たら衝撃的ですよね」

最後に、事件についての感想を聞いてみると、Oさんからはこんな答えが返ってきた。

「被害者たちは一人では自殺できない人が集まった可能性がありますよね。でも、ネットでは気軽に繋がれる、同じことを考えた仲間を集めた可能性もあります」

減ることのない類似事件

座間事件から4年以上が経過した今も、死にたいとつぶやく人はTwitter上にたくさんいる。そして、実際に殺害されてしまうような、座間事件と類似の事件も起きている。

例えば、2019年9月、東京都豊島区内のホテルで、Twitterで自殺願望について投稿していた無職の女性（当時36歳）を殺害したとして、大学生（当時22歳）が嘱託殺人の罪で逮捕されている。ホテル側からの110番通報で事件が発覚したとき、女性は衣服を着ていた状態で、大型の布団圧縮袋のようなポリ袋に膝を抱えた状態で入れられていた。大学生は、TwitterのDMで自殺願望のある人たちとやりとりをしていたようで、そのうちの1人が、被害女性だった。検察側の証言によれば、そのほかにも、やりとりしたアカウントは183もあったという。裁判で、大学生は犯行の理由を次のように説明している。

「6月に教育実習をして、教師に向いていないと思いました。7月には採用試験を受けましたが、結果が出る前に、不合格で間違いないと思って、正直、落ち込む原因になりました。きっかけと言えるかどうかは分からないが、Twitterで自殺志願者のアカウントがあることを知り、力になりたいと思いました。自分も死にたい。協力できればと思いました。最初は（自殺志願者が）言葉にしているぐらいで、（死にたいというのが）本当の気持ちではないと思っていた。やりとりする中で、本気で思っている人が少なからずいると思った」

この事件以外にも21年3月には、浜松市の中学3年の女子生徒（当時15歳）を誘拐し、自殺を手伝ったとして、未成年者誘拐と自殺幇助の罪で無職の男（当時33歳）が逮捕された。起訴状によると、男は、自殺をしたいと考えていた女子生徒とSNSを通じて知り合い、未成年と知りながら保護者に無断でキャンプ場に連れ出した。2人は目貼りしたテント内で練炭を燃やして自殺を試みると、女子中学生だけが死亡した。男は「誘拐はしていない」と一部の容疑を否認した。

このように、座間事件後も類似の事件は続いている。それだけTwitterなどで「死にたい」とつぶやく人が後を絶たないのだ。なぜ、自殺を希望するかのような心情になるのか。

例えば、浜松市の事件では、遺族が「いじめがあった」と主張、通っていた静岡大学教育学部附属浜松中学校は、いじめ防止対策推進法に基づく調査委員会を設置していた。いじめの有無は公表されていないが、委員会によると、職員間の情報共有が不十分で、早い段階での効果的な指導ができないでいたという。具体的なことは明らかではないが、いじめや自殺に関連する何かしらの情報があったことを事実上、認めている。

こうしたメンタルヘルスにまつわることは、座間事件の被害者にも見られていた。いずれも、被害者となる側に、自殺に関連する背景があったにもかかわらず、周囲がうまくつかめていない、あるいは、つかめていたとしても十分な共有ができず、後手になってしまっている。

事件が多発・続発しないために

座間事件以降、SNSへの対策として総務省は、自殺誘引情報などの書き込みを禁止する旨を利用規約などへ明記し、適切な運用、利用者への注意喚起することを、事業者団体に要請した。各事業者は削除可能な旨を定めていなかった場合、それを明示するようにした。また、警察庁は、インターネット・ホットラインセンター（IHC）への委託業務として「自殺誘引等情報の削除依頼」を追加した。緊急の場合は、都道府県警察に通報する。

また、２０１７年12月に総務省は、検索事業者とＳＮＳ事業者、自殺対策関係のＮＰＯを繋ぐ場を設けた。厚労省も同月、ユーザーが「自殺」「死にたい」などの自殺関連用語を検索したときに、自殺対策のサイトへの誘導を行うことを要請している。さらに、厚労省は、18年3月からＮＰＯなど合計13団体でＳＮＳを活用した相談事業も始め、20年４月時点でも５団体が相談を続けている。

ただ、相談件数のデータとして、年齢や属性、職業などはとっているものの、具体的な有効性の基準や判断などの調査・研究については今後の課題として残されている。また、あくまでもＳＮＳ相談はきっかけづくりの１つでしかない。21年2月に凍死した北海道旭川市の女子中学生はそれまでいじめを受けており、民間団体「きらきら星」やネットのリアルタイム配信者に相談をしていたことが分かっているが、いじめそのものが終わることはなかった。

相談窓口は、話ができたとしても、問題解決する場所にはなりえない。しかし、当事者は問題解決を望んでいるし、すぐに解決できないとしても、自ら命を絶たないようにするためにも安全な場所を提供する必要がある。つまり、相談窓口、解決の手段や安全な場所が連動することが望ましい。そうした場所を確保し、相談窓口と連動していくことができれば、座間事件と類似の事件は続発しないのではないか。

執筆中、担当編集者の河合氏と現場を訪れた。事件さえなければ、よくある郊外の街だ。鳥の鳴き声が響き渡り、近くを走る小田急線が通過する音が聞こえる。ただ当時、白石が利用していた牛丼店は別の店になり、時間が流れているのを実感した。裁判では真相が全面的に明らかになった感じがせず、しっくりこないが、事件が風化されないことを願う。

＊　＊　＊

本書は文春オンラインに掲載された裁判の傍聴記が一部もとになっている。その執筆の機会をいただいた同編集部の池澤龍太氏にはここで改めて感謝申し上げる。また、本書の感想などがあれば、hampen1017@gmail.com へお送りいただけると幸いである。

主な参考文献

「アパートに２人分の頭部、男を確保　死体遺棄容疑で捜査」『朝日新聞デジタル』２０１７年10月31日（https://digital.asahi.com/articles/ASKBZ7QRZKBZUTIL06S.html）

『２カ月前、入居後から強烈な異臭』座間９遺体事件」『朝日新聞デジタル』２０１７年10月31日（https://digital.asahi.com/articles/ASKB02Q9PKB0UTIL007.html）

「９遺体のうち８人女性か　容疑者『殺害し浴室で解体』」『朝日新聞デジタル』２０１７年10月31日（https://digital.asahi.com/articles/ASKB02PHYKB0UTIL004.html）

「９人遺体『全員殺害』　座間、１人遺棄容疑者供述『８月転居後に』」『朝日新聞デジタル』２０１７年11月１日（https://digital.asahi.com/articles/DA3S13207941.html）

「容疑者『金銭など目的』『全員会った当日殺害』　ＳＮＳで知り合う　９人遺体事件」『朝日新聞デジタル』２０１７年11月１日（https://digital.asahi.com/articles/DA3S13207879.html）

「白石容疑者、自殺志願者向け頻繁投稿　『ご相談ください』　座間９人遺体」『朝日新聞デジタル』２０１７年11月２日（https://digital.asahi.com/articles/DA3S13211098.html）

「『何のため生きてるのか』　白石容疑者、家族に　座間9人遺体」『朝日新聞デジタル』２０１７年11月2日（https://digital.asahi.com/articles/DA3S13209748.html）

「被害者?･女性と部屋探し　容疑者『50万円振り込ませた』　座間９人遺体」『朝日新聞デジタル』２０１７年11月８日（https://digital.asahi.com/articles/DA3S13218227.html）

「座間9遺体、１都４県の15～26歳と確認　警視庁発表」『朝日新聞デジタル』２０１７年11月10日（https://digital.asahi.com/articles/ASKC97RCRKC9UTIL070.html）

「（つぶやきの先に　座間9人遺体事件：上）『自殺願望』の裏で」『朝日新聞デジタル』２０１７年11月19日（https://digital.asahi.com/articles/DA3S13235091.html）

「『意外な真実が見えた【衝撃】』　独り歩きする動画情報」『朝日新聞デジタル』２０１８年４月30日（https://digital.asahi.com/articles/ASL4P6219L4PUTIL024.html）

「相模原障害者殺傷事件　植松聖被告と強制不妊問題」『創』２０１８年７月号

総務省『通信利用動向調査』平成16年調査（https://www.soumu.go.jp/johotsusintokei/statistics/data/050510_1.pdf）

「座間9遺体事件　総力取材スクープ詳報　白石容疑者が〈悪徳スカウト〉時代に覚えた未成年女性たちを餌食にする戦慄手口」『週刊ポスト』２０１７年11月17日号

「『座間９遺体』本誌が掴んだ全真相　首吊り士（白石隆浩）の怪　全裸写真と美女動画」『週刊文春』２０１７年11月16日号
「座間９遺体　史上最悪の『快楽殺人』　白石隆浩は遺体損壊をスマホで撮影していた」『週刊文春』２０１７年11月23日号
「９人殺害に匹敵するもう一つの大罪！　眠れる快楽殺人者を起こした『白石隆浩』の揺り籠から絞首台まで」『週刊新潮』２０１７年11月16日号
「重大証言　座間『９人殺害・遺体解体』事件　惨劇の裏で蠢く黒い紳士たち　鬼畜白石隆浩容疑者は闇社会に脅されていた!!」『ＦＬＡＳＨ』２０１７年11月21日号
「総力取材座間『９人惨殺』の悲劇　『私も狙われた』――22歳女性が本誌に明かす『戦慄の１時間』」『女性自身』２０１７年11月21日号
アライドアーキテクツ株式会社「Twitter 企業アカウント利用に関する意識調査」（２０２０）
警察庁「自殺の状況」（https://www.npa.go.jp/publications/statistics/safetylife/jisatsu.html）
厚生労働省「人口動態統計に基づく自殺死亡数及び自殺死亡率」（https://www.mhlw.go.jp/stf/seisakunitsuite/bunya/hukushi_kaigo/seikatsuhogo/jisatsu/jinkoudoutai-jisatsusyasu.html）
厚生労働省「自殺の統計：地域における自殺の基礎資料」（https://www.mhlw.go.jp/stf/seisaku

nitsuite/bunya/0000140901.html)
厚生労働省「ＳＮＳ相談事業の実施結果」(https://www.mhlw.go.jp/stf/seisakunitsuite/bunya/hukushi_kaigo/seikatsuhogo/jisatsu/snssoudan.html)
総務省「通信利用動向調査　平成16年度調査」(https://www.soumu.go.jp/johotsusintokei/statistics/data/050510_1.pdf)
内閣府「第5回情報化社会と青少年に関する意識調査報告書」(https://www8.cao.go.jp/youth/kenkyu/jouhou5/index.html)
文部科学省「児童生徒の問題行動・不登校等生徒指導上の諸課題に関する調査」(https://www.mext.go.jp/a_menu/shotou/seitoshidou/1302902.htm)
渋井哲也『ルポ平成ネット犯罪』筑摩書房（２０１９）
渋井哲也『ネット心中』ＮＨＫ出版（２００４）

渋井哲也（しぶいてつや）

1969年、栃木県生まれ。ジャーナリスト、中央大学文学部講師。東洋大学大学院文学研究科教育学専攻博士前期課程修了。長野県の地方紙「長野日報」の記者を経てフリーに。これまでにネット事件、自殺問題、若者の生き方、サブカルチャーなどを中心に取材。1998年からはウェブと生きづらさをテーマにした取材も進めている。主な著書は『学校が子どもを殺すとき』（論創社）、『ルポ 平成ネット犯罪』（ちくま新書）、『命を救えなかった』（第三書館）など。

ルポ 座間《ざま》9人殺害事件《にんさつがいじけん》 被害者《ひがいしゃ》はなぜ引《ひ》き寄《よ》せられたのか

2022年1月30日初版1刷発行

著　者 —— 渋井哲也
発行者 —— 田邉浩司
装　幀 —— アラン・チャン
印刷所 —— 堀内印刷
製本所 —— 国宝社
発行所 —— 株式会社光文社
東京都文京区音羽1-16-6（〒112-8011）
https://www.kobunsha.com/
電　話 —— 編集部03（5395）8289　書籍販売部03（5395）8116
業務部03（5395）8125
メール —— sinsyo@kobunsha.com

ISBN 978-4-334-04586-9

光文社新書

1156
日本のジーパン
林芳亭

米国で生まれたジーンズがいかに日本で独自の発展を遂げたのか？　ジーンズ界の重鎮である著者がジーンズの歴史や、日本における受容のプロセス等「ジーパン愛」を語り尽くす。

978-4-334-04563-0

1157
脳の寿命を延ばす「脳エネルギー」革命
ブドウ糖神話の崩壊とケトン体の奇跡

佐藤拓己

巨大で大食漢な働き者「脳細胞」を長持ちさせる助っ人とは⁉ ヒトの脳の発達を可能にしたエネルギーとしてケトン体に注目。認知症・うつを防ぎ健康にも役立つ栄養摂取法を考察する。

978-4-334-04564-7

1158
田舎暮らし~~読~~毒本
樋口明雄

田舎暮らしにスローライフは存在しない！　東京から自然豊かな地方に移住して20年の小説家が満を持して贈る、田舎暮らしのノウハウと闇。本書を読まずして移住するべからず！

978-4-334-04565-4

1159
知ってるつもり
「問題発見力」を高める「知識システム」の作り方

西林克彦

「わからない」を見つけるために「きっちりわからなくなる」には？　ロングセラー『わかったつもり』刊行から16年。今最も求められる「問題発見力」を身につける方法を解説。

978-4-334-04566-1

1160
大下流国家
「オワコン日本」の現在地

三浦展

経済力の低下、人口縮小、ジェンダー格差、メディアの怠慢……この国はどこまで堕ちてゆくのか？　80万部超のヒット作『下流社会』から16年、最新データを基に再び日本を斬る。

978-4-334-04567-8

1161
名画の生まれるとき
美術の力II
宮下規久朗

人間にとって必要不可欠な「美術の力」とは？ 「名画の中の名画」から「美術鑑賞と美術館」「描かれたモチーフ」「信仰と政治」「死と鎮魂」まで。美術史家と読む、美術の本質に迫る55話。

978-4-334-04568-5

1162
野蛮な大学論
酒井敏

大学人よ、学問の本道に戻って野蛮さを取り戻せ！ 「京大変人講座」主宰の京大名物教授が、大学、アカデミズム、教養の本質をズバリ指摘する。豊かな社会のための大学改革論。

978-4-334-04569-2

1163
「問い」から始まる哲学入門
景山洋平

2600年にわたる哲学者の語りあい。そこでは何が問われたのか。なぜ「問い」続けてきたのか——。「問い」の歴史とその意味を知る、不確かな世界を生き抜くための哲学入門。

978-4-334-04570-8

1164
物理学者、SF映画にハマる
「時間」と「宇宙」を巡る考察
高水裕一

フィクションが未来の科学を導く!? タイムトラベルから星間飛行まで、物理学者とともに探る一度は夢見たSF世界の可能性。科学の目で見直せば、SF映画はもっと楽しくなる！

978-4-334-04571-5

1165
くじ引き民主主義
政治にイノヴェーションを起こす
吉田徹

民主主義＝選挙ではない。選挙によらない民主主義の形態を歴史的に振り返りつつ、政治参加のための「くじ引き」の可能性を示す。傷ついた民主主義をアップデートする希望の書。

978-4-334-04572-2

光文社新書

1166

なぜ中学受験するのか？

おおたとしまさ

やり方次第で「良薬」にも「毒」にもなるのが中学受験。気鋭の教育ジャーナリストが膨大な取材経験と古今東西の文献から導き出した、中学受験の是非論へのファイナルアンサー。

978-4-334-04573-9

1167

毛　生命と進化の立役者

稲葉一男

えっ!? 脳の中の毛？ ウイルスから守る毛？ CO_2で止まる毛？「細胞の毛」研究三〇年のスペシャリストが、生き物や自然、そして私たちの命を支える驚くべきミクロの世界を綴る。

978-4-334-04574-6

1168

肥満・糖尿病の人はなぜ新型コロナに弱いのか　「糖質過剰」症候群Ⅱ

清水泰行

新型コロナのパンデミックや病状悪化の要因となると考えられる糖質の過剰摂取。本書では糖質過剰が新型コロナだけでなく数多《あまた》の疾患の原因となる理由を、最新研究を交え伝える。

978-4-334-04575-3

1169

人生を変えた韓国ドラマ　2016〜2021

藤脇邦夫

「愛の不時着」「梨泰院《イテウォン》クラス」「賢い医師生活」「イカゲーム」など世界を席巻するKコンテンツの一つとなった韓国ドラマ。その深い魅力を傑作80選とともに徹底解説！

978-4-334-04576-0

1170

不登校・ひきこもり急増　コロナショックの支援の現場から

杉浦孝宣＋NPO法人高卒支援会

コロナ禍で不登校・ひきこもりの子どもたちは増えただけでなく、可視化されづらくなった。リアルとオンラインを駆使することで前よりもパワーアップした支援現場の知見を学ぶ。

978-4-334-04577-7

1171

保健所の「コロナ戦記」TOKYO2020－2021

関なおみ

'20～'21年にかけ、保健所と都庁の感染症対策部門の課長としてコロナ対策の第一線で指揮を執り続けた公衆衛生医師の記録。国立国際医療研究センター・大曲貴夫氏との対談も収録。

978-4-334-04578-4

1172

火星の歩き方

臼井寛裕　野口里奈　庄司大悟

気球でまわる火星一周の旅から、標高2万m超のオリンポス登山、自然の造形美あふれる極地ツアーまで。3人の研究者による、火星の魅力がとことん詰まったガイドブックの決定版！

978-4-334-04580-7

1173

JJとその時代
女のコは雑誌に何を夢見たのか

鈴木涼美

JJに象徴される雑誌は、なぜ多くの女性の心をとらえたのか。単なるファッション情報だけではない、女性が託したもの、夢見たものとは何か。雑誌の時代への限りない愛着をこめた挽歌。

978-4-334-04583-8

1174

〈問い〉から始めるアート思考

吉井仁実

「問い」は「答え」より大きな力を持つ。生きることは「問い」の模索である――。「目に見えないものを見る」には？　アートディレクターと考える、アイデア＆イノベーションの育み方。

978-4-334-04581-4

1175

オリックスはなぜ優勝できたのか
苦闘と変革の25年

喜瀬雅則

下馬評を大きく覆し、2年連続最下位からのペナント制覇は、いかに成し遂げられたのか？　逆に、なぜかくも長き暗黒時代が続いたのか？　元番記者が豊富な取材で綴る。

978-4-334-04582-1